MARCO POLO

DIE WARTBURG

EISENACH UND UMGEBUNG

Reiseführer mit Insider-Tips

Sechs Symbole sollen [illegible]
die Orientierung in diesem Führer erleichtern:

für Marco Polo Tips – die besten in jeder Kategorie

für alle Objekte, bei denen Sie auch eine schöne Aussicht haben

für Plätze, wo Sie bestimmt viele Einheimische treffen

für Treffpunkte für junge Leute

(A1)
Koordinaten für die Übersichtskarte

(O)
außerhalb des Kartenbereiches

Diesen Führer schrieb Bernd Wurlitzer.
Er ist seit über zwanzig Jahren als freier Reisejournalist
im Osten Deutschlands tätig,
Autor zahlreicher Bücher und weiterer Marco Polo Bände.
Die Wartburg kennt er seit Jahrzehnten.
Die Marco Polo Reihe wird herausgegeben
von Ferdinand Ranft.

MAIRS GEOGRAPHISCHER VERLAG

Titelbild: Wartburg (Mauritius/Waldkirch)

Fotos: C. Beyer (16, 64, 70, 73, 74); Klaus G. Beyer AFIAP (4, 6, 12, 22, 30, 35, 38, 40, 43, 46, 77); Hotel auf der Wartburg (58); Kneise (61, 68); Lade: Dr. Bienek (92); Rauhe (50); Santor (96); Schuster: Jogschies (vordere Umschlagklappe); Wurlitzer (9, 18, 56, 82, 85, 91)

1. Auflage 1995 © Mairs Geographischer Verlag, Ostfildern/Hachette, Paris
Lektorat: Ute Arndt
Gestaltung: Thienhaus/Wippermann (Büro Hamburg)
Kartographie: Mairs Geographischer Verlag, Gerd Haubner

Printed in Germany
Gedruckt auf 100% chlorfrei gebleichtem Papier

INHALT

Entdecken Sie die Wartburg!

Hoch über Eisenach thront Deutschlands Nationaldenkmal – 900 Jahre Kunst und Geschichte in Stein

Auf deutschem Boden stehen Tausende von Burgen, kleine und große, nahezu unbekannte und berühmte. Und die Wartburg, Deutschlands Nationaldenkmal. Als Grenzwarte entstanden, als landgräfliche Residenz genutzt, lange Zeit in Bedeutungslosigkeit versunken und dem Verfall preisgegeben, wurde sie schließlich zur bekanntesten deutschen Burg. Wie kein anderes Bauwerk ist sie mit Legenden und Ereignissen deutscher Geschichte verflochten. Auf ihr lebte die später heiliggesprochene Elisabeth, auf ihr stritten der Sage nach die berühmtesten Minnesänger der damaligen Zeit um die Gunst des Landgrafen, Martin Luther übersetzte hier das Neue Testament aus dem Griechischen, die oppositionellen Burschenschaften der deutschen Universitäten trafen sich im Festsaal zum Wartburgfest. Prominenz aus Kunst und Kultur, so Johann Wolfgang Goethe, Heinrich Heine und Franz Liszt, besuchten die Burg.

Schon im ersten Burghof spürt man die »Gratwanderung« der Wartburg auf dem Bergkamm

Goethe betrat sie zum erstenmal im September 1777; in einem Brief an Charlotte von Stein schrieb er: »Hier oben! Wenn ich Ihnen nur diesen Blick, der mich nur kostet aufzustehn vom Stuhl, hinübersegnen könnte.« Dank Richard Wagners Musik gelangte die Feste zu musikalischem Weltruhm. Mit seiner romantischen Oper »Tannhäuser und der Sängerkrieg auf Wartburg« aus dem Jahre 1845 setzte Wagner dem majestätisch über Eisenach thronenden Bauwerk ein künstlerisches Denkmal.

Das Äußere der Burg entspricht ganz den Vorstellungen, die die meisten mit einem mittelalterlichen Herrensitz verbinden, obwohl die Wartburg im Laufe der Jahrhunderte von jedem Baustil Zugaben bekam: romanische Architektur, Bauten aus dem Spätmittelalter und Schöpfungen des Historismus. Aber alle fügen sich zu einem harmonischen Ganzen, das die unterschiedlichen Entstehungszeiten auf den ersten Blick nicht erkennen läßt.

»Wart'! Berg, du sollst mir eine Burg werden!« Mit diesem Ausruf von Ludwig dem Springer aus dem Geschlecht der Ludowinger

Wolfram von Eschenbach in der Heidelberger Liederhandschrift

beginnt die Geschichte der Burg im Jahre 1067. Der Sage nach gelangte Ludwig der Springer auf der Jagd »bis an das Flüßchen Hörsel«, wo ihn ein steiler »Felsenberg« beeindruckte. Am liebsten hätte Ludwig sofort befohlen, auf dieser Höhe eine Burg zu errichten, doch der Berg hatte bereits einen Besitzer. Ludwig ersann eine List: Eines Nachts ließ er von *seiner* Schauenburg, rund 30 km entfernt, Erde heranschaffen und an dem begehrten Berg aufschütten. So konnten seine Vasallen vor dem Kaiser schwören, sie hätten ihre Schwerter in Erde gerammt, die ihrem Ludwig gehörte.

Im 12. Jahrhundert entwickelte sich die Burg der Ludowinger von einer schlichten Grenzfeste zur landgräflichen Residenz. Der Palas mit seiner arkadengeschmückten Westfassade wurde gebaut, heute der am besten erhaltene und einer der schönsten Profanbauten der Romanik nördlich der Alpen. Es gab auch Zeiten, da war er nicht so prachtvoll wie er sich heute wieder zeigt. Als Goethe den Palas das erste Mal sah, war er nicht gerade angetan von dem »nüchternen öden Kasten mit einem ungeheuern Dach und kleinen Fenstern«. Im Festsaal lagerte das Heu für die Esel, die Arkadengänge waren zugemauert, wahrscheinlich wegen Kälte und Wind, nur kleine viereckige Öffnungen ließen Licht und Luft herein. Doch bleiben wir weiter bei der Geschichte.

Im Palas der Wartburg sollen sich 1206 und 1207 einer Legende nach sechs Minnesänger zu einem Wettstreit getroffen haben. Dieser Sängerwettstreit wird in einem Gedicht in mittelhochdeutscher Sprache aus der Zeit um 1260 von einem unbekannten Verfasser geschildert. Heinrich von Ofterdingen, Walther von der Vogelweide, Wolfram von Eschenbach und drei andere Minnesänger versammeln sich zum Sangeskampf über den ruhmwürdigsten Fürsten. Der Kampf geht auf Leben und Tod. Heinrich von Ofterdingen, der das Lob Herzog Leopolds von Österreich singt, verliert gegen Walther von der Vogelweide, der den Thüringer Landgrafen preist. Der Überwundene will sich dem Schiedsspruch, der ihn der Hand des Henkers übereignen soll, als einem ungerechten Urteil nicht unterwerfen. Er ruft den Zauberer Klingsor herbei, aber auch mit dessen Hilfe kann ein Jahr später Heinrich den frommen Walther nicht überwinden. Doch das Urteil wird nicht vollstreckt.

Verbürgt dagegen ist, daß Landgraf Hermann I. die Wartburg zu einem bedeutenden Musenhof Mitteleuropas machte. Hier, vor den Toren Eisenachs, schrieb Wolfram von Eschenbach seinen »Parzival«, das mit 25 000 Versen wohl umfangreichste Epos des Mittelalters.

Und Eisenach? Nie wäre der Bekanntheitsgrad der Stadt so groß, gäbe es nicht die Wartburg, wäre nicht Johann Sebastian Bach in ihr geboren worden, wäre sie nicht mit dem Leben Luthers und der heiligen Elisabeth verwoben. In der Georgenkirche in Eisenach wurden im Jahre 1221 der Landgraf Ludwig IV. und Elisabeth, die ungarische Königstochter, getraut. Die junge Frau setzte sich außerordentlich stark für Kranke und Arme ein, wurde dafür vom Papst heiliggesprochen und so zur berühmtesten Frauenpersönlichkeit des Mittelalters.

Martin Luther nannte Eisenach »meine liebe Stadt«. 1520 schrieb er: »In Eisenach sitzt fast meine ganze Verwandtschaft, ich bin daselbst bei ihr bekannt und auch heute wohl angesehen, da ich dort vier Jahre lang den Wissenschaften oblag.« Luther hatte mit seinen an der Tür der Schloßkirche in Wittenberg angeschlagenen 95 Thesen über die wahre Bedeutung des Ablasses für Aufruhr in der Kirche gesorgt und damit ungewollt die Reformation eingeleitet. Der Theologieprofessor weigerte sich hartnäckig, seine Schriften zu widerrufen. Die Antwort des Papstes war der Bann. Luthers Schriften beschäftigten sich aber auch mit der Stellung der Obrigkeit zu Gott. So drohte durch ihn auch Unruhe im staatlich-politischen Bereich, ja die Spaltung der Nation. Kaiser Karl V. lud deshalb Luther 1521 auf den Reichstag nach Worms. Auch dort zeigte sich Luther hartnäckig, widerrief nichts. Darauf belegte ihn der Kaiser mit der Reichsacht. Das bedeutete, der Gestrafte durfte von jedermann getötet werden, war also vogelfrei. »Ich laß mich eintun und verbergen, weiß selbst noch nicht wo…«, schrieb er nach der Abreise aus Worms seinem Gevatter, dem berühmten Maler Lucas Cranach d. Ä. »Es muß eine klein Zeit geschwiegen und gelitten sein.«

Am 4. Mai 1521 erfolgte dann einer der spektakulärsten Überfälle der Weltgeschichte. Luther hatte von dessen Vorbereitung mit den Worten erfahren, er werde »zu seiner ureigenen Sicherheit irgendwo eingebracht«. Als die Kutsche mit dem Reformator und zwei seiner Freunde durch den Glasbachgrund (heute Luthergrund genannt) bei Altenstein rumpelte, stoppten bewaffnete Reiter den Wagen. Sie zerrten Luther heraus und brachten ihn auf Umwegen – um Spuren zu verwischen – auf die Wartburg. Gegen 23 Uhr trabten die Reiter über die Zugbrücke, das Tor öffnete sich, Burghauptmann Hans von Berlepsch – in den Scheinüberfall eingeweiht – begrüßte den Mann im Augustinergewand achtungsvoll und geleitete ihn in eins der Kavaliergefängnisse, das für zehn Monate Luthers Wohn- und Arbeitszimmer wurde. Luthers Landesherr, Kurfürst Friedrich der Weise, hatte den »Überfall« inszeniert, um Luther in Sicherheit zu bringen. Wohin der Reformator gebracht wurde, wollte der Kur-

Richard Wagners Inspiration

»Einen wirklichen Lichtblick gewährte mir die Begegnung mit der Wartburg (...) Der Anblick des Bergschlosses (...) regte mich ungemein warm an. Einen seitab von ihr gelegenen ferneren Bergrücken stempelte ich sogleich zum 'Hörselberg' und konstruierte mir so, in dem Tal dahinfahrend, die Szene zum dritten Akte meines 'Tannhäuser'.«
Richard Wagner in »Mein Leben« (Teil 2, 1842-50) über seine Fahrt 1842 von Paris nach Dresden.

fürst nicht wissen, denn sonst wäre er auch gebannt worden. Um nicht erkannt zu werden, mußte Luther sein Äußeres verändern, wie, schrieb er seinem Freund Georg Spalatin: »... meine Kutte hat man mir abgenommen und ein Reitersgewand angezogen. Ich lasse mir Haare und Bart wachsen. Du würdest mich schwerlich erkennen...« Aus Luther wurde der Junker Jörg. Während seiner Zeit auf der Wartburg verfaßte er 13 theologische und weltliche Schriften, 38 in dieser Zeit geschriebene Briefe blieben erhalten. Doch Luthers größtes Werk war die Übersetzung des Neuen Testaments aus dem griechischen Urtext in eine dem gesamten deutschen Volk verständliche Sprache. Dieser Text war zugleich die Geburtsstunde der neueren deutschen Sprache und Schrift. Alle bis dahin vorhandenen 18 Übersetzungen wurden nur in einzelnen deutschen Sprachgebieten verstanden und waren, zumeist prachtvoll illustriert, viel zu teuer und deshalb nicht für das Volk.

Der im September 1522 erschienene Band »Das Newe Testament Deutzsch«, bei Melchior Lotter gedruckt, war sozusagen die erste wohlfeile Taschenausgabe des Neuen Testaments. Mit allen späteren Ausgaben schätzt man die Auflage des Werks damals auf gut eine Million Exemplare. Luther verdiente nichts daran, aber seine Verleger wurden reich.

»Luthers Stube«, der kleine bescheidene Raum des Reformators, wurde schnell, schon im 16. Jahrhundert, das Ziel von Reisenden. 1817, anläßlich der 300. Wiederkehr der Reformation und des vierten Jahrestages der Völkerschlacht bei Leipzig, trafen sich auf der »Lutherburg« 500 Studenten von fast allen deutschen Universitäten und einige Professoren. Eingeladen hatte die Jenaer Burschenschaft. Vom Eisenacher Marktplatz zogen sie mit der rot-schwarz-roten – den Farben des Lützowschen Freikorps – und mit goldenem Eichenlaub bestickten Fahne in den Festsaal der Wartburg, um dort ihre Forderung nach nationaler Einheit zu verkünden (siehe auch »Burschenschaft« S. 17).

Doch kehren wir nochmal zur Geschichte der Burg zurück. Als 1406 mit Balthasar der letzte Landgraf der Wartburg gestorben war, diente die Burg nicht mehr als fürstliche Residenz. Sie begann vor sich hinzudösen, vieles verkam. 1756 nannte die Regierung Weimars sie »ein Denkmal des Altertums«, und versicherte, daß sie »konservieret werde«, doch dauerte es noch rund ein Jahrhundert, bis man damit begann.

Der Sieg über Napoleons Fremdherrschaft führte in den folgenden Jahrzehnten zu neuem Selbstbewußtsein und Repräsentationsbedürfnis, man besann sich auf die eigenen Traditionen. In der Architektur griff man auf vergangene Stilformen zurück – später Historismus genannt –, wobei die gotische als besonders deutsch galt.

Auch Carl Alexander, damals noch Erbgroßherzog von Sachsen-Weimar-Eisenach, sah die Zukunft seiner Wartburg in einem neuen, repräsentativen Gewand. Das »Stammschloß der Ahnen« sollte ein »Museum für die Geschichte des Herzogshauses und des Landes als auch eine Weihestätte für die deutsche Nation« werden. Die Bauleitung erhielt der Gießener Universitätsprofessor Hugo von Ritgen. Der »ging mit großem Einfühlungsvermögen und unablässigem Suchen nach historischen Befunden und Vorbildern ans Werk«, äußerte ein Jahrhundert später

Luther und Melanchthon schauen auf den Schreibtisch der Lutherstube

anerkennend Wartburg-Direktor Werner Noth. Als man 1838 mit der Erneuerung begann, ließ man die vorhandenen Bauten weitgehend unverändert, rekonstruiert wurden hingegen Bergfried (1853–59), Neue Kemenate (1853–60), Dirnitz und Torhalle (1866/67), Gadem (1874–77) und Ritterbad (1889/90). Der Steinbruch unterhalb der Burg versorgte die Baustelle mit Material. Sechs- und achtspännige Pferdefuhrwerke schleppten die Lasten den Berg hinauf. Mehrmals griff Carl Alexander in die Pläne des Bauleiters ein und bremste dessen Ideen, so daß manchmal die Bauarbeiten stockten, manchmal freilich auch aus Geldmangel.

1890 war die umfangreichste Bauphase auf der Wartburg abgeschlossen und Carl Alexander verkündete stolz: »... sie ist ein wahres Juwel geworden für die gebildete Welt überhaupt, für das Deutsche Vaterland im Besonderen.« Nach dem Ende der Monarchie wurde in einem Vertrag 1922 zwischen dem Großherzoglichen Haus Sachsen-Weimar-Eisenach und dem Land Thüringen die Wartburg in eine Stiftung des öffentlichen Rechts überführt. Dem ehemaligen Landesherren Wilhelm Ernst, Enkel von Großherzog Carl Alexander, wurde das Wohnrecht auf der Burg garantiert, doch er siedelte mit seiner Familie auf sein Schloß Heinrichau in Schlesien über. Gebaut und restauriert wurde auf der Wartburg bis heute: 1945/46 wurden die Schäden von einem Artilleriebeschuß aus dem Zweiten Weltkrieg beseitigt; nach 1952 bekam der Palas Stahlbetondecken und konnte somit statisch gesichert werden; zwischen Neuer Kemenate und Palas baute man 1952–54 ein Treppenhaus; die beiden Räume im Sockelgeschoß des Palas wurden 1957 von Einbauten befreit: ab 1964 überholte man die Fachwerkgebäude im vorderen Burghof und nach 1979 wurde die Dekorationsma-

Die Legende vom Rosenwunder

Ausgelassen ging es am Landgrafenhof zu, die Menschen lebten im Überfluß. Im Lande aber wurde die Armut immer größer, es herrschte Hunger. Um die Not von Kranken und Alten zu lindern, gründete Landgräfin Elisabeth unterhalb der Wartburg ein Armenhospital. Elisabeth würde so gerne auch selbst helfen und christliche Barmherzigkeit walten lassen, doch höfische Zwänge binden ihr die Hände. Heimlich muß sie sich von der Burg schleichen, um übriggebliebene Speisen den Armen ins Hospital zu bringen. Eines Tages wird sie von Mitgliedern des Hofes und ihrem Gemahl dabei überrascht. Schnell verbirgt Elisabeth das Brot unter ihrem Mantel. Die Hofmitglieder möchten wissen, was sie versteckt hat. »Rosen«, lügt sie flink. Elisabeth muß den Mantel öffnen und ein Wunder war geschehen: Aus dem Brot waren Rosen geworden.

Moritz von Schwind hat die Rosenwunderlegende in einem Fresko in der Elisabethgarlerie dargestellt.

lerei im Palas völlig neu aufgetragen; im Sommer und Herbst 1994 begann man, den Bergfried instandzusetzen. Anfang der fünfziger Jahre hatte man bei der Restaurierung freilich nicht immer eine glückliche Hand. Direktor Asche ließ umstrittene Zutaten des vorigen Jahrhunderts beseitigen, um das mittelalterliche Burgbild besser herauszuarbeiten. Dabei ging vieles unwiderbringlich verloren, darunter die gemalten Sprüche in den beiden Wehrgängen und die Ausmalungen Michael Welters im Gang neben dem Festsaal. Die großherzoglichen Zimmer in der Neuen Kemenate wurden leergeräumt und in Museumsräume verwandelt.

Die Geschichte der Wartburg war mit den politischen Entwicklungen in Deutschland immer eng verwoben. Die Nationalsozialisten nutzten sie für Staatsempfänge und propagandistische Veranstaltungen. An die Spitze des Wartburg-Ausschusses setzte sich der Reichsstatthalter und Gauleiter Thüringens, Fritz Sauckel. In seiner Antrittsrede forderte er, »daß die Wartburg zum Kulturmittelpunkt des Reiches« werden müsse. Er war es, der 1938 das goldene Kreuz vom Bergfried holen und durch ein Hakenkreuz ersetzen ließ. Auch die DDR-Führung wählte die Wartburg gern für staatliche Empfänge und Veranstaltungen.

Die Wartburg ist aber nicht nur als Bau- und Geschichtsdenkmal, sondern auch als Kunstmuseum bedeutend. Goethe empfahl ihre »Auszierung« durch mittelalterliche Kunstwerke in einem Brief vom 27. November 1815: »Bei der gegenwärtigen Liebe und Leidenschaft zu den Resten der alten deutschen Kunst ist diese Acquisition von Bedeutung und die Wartburg wird künftig noch manchen Pilger mehr zählen.« Den ersten Transport mit Kunstgegenständen von Weimar nach Eisenach begleitete Goethes Sohn August. Während der Wartburgerneuerung möblierte man die restaurierten Palasräume und die Räume in den neuen Gebäuden. Es wurde gesammelt, gekauft, ersteigert. Burghauptmann Bernhard von Arnswald, Architekt Hugo von Ritgen, aber auch der Märchensammler Ludwig Bechstein gehörten zu den Eifrigsten. Was an historischen Möbeln nicht erworben werden konnte, gestaltete Hugo von Ritgen historisierend nach. Selbst ganze Bauteile wurden gekauft, so ein Erker des Hauses der Patrizierfamilie Harsdorf-Enderndorf in Nürnberg. Großherzog Carl Alexander sah und erstand ihn 1872 für seine Wartburg. Heute umfaßt die Sammlung der Wartburg-Stiftung mehr als 8000 Objekte, vor allem kunsthandwerkliche Gegenstände, Textilien, Möbel, Gemälde, Plastiken und Grafiken. Nur ein geringer Teil kann in den Räumen ausgestellt werden. Zu den Kunstwerken von unschätzbarem Wert zählen die Fresken Moritz von Schwinds, mit denen der Spätromantiker in der Elisabethgalerie aus dem Leben der Heiligen erzählt, im Sängersaal den Minnesänger-Wettstreit darstellte und im Landgrafenzimmer sieben thüringische Sagen lebendig werden ließ.

In seinem Testament hatte Großherzog Carl Alexander bestimmt, daß »nicht der geringste Gegenstand aus dem Schloß entfernt, veräußert, verschenkt, verborgt werden« darf. Nach dem Zweiten Weltkrieg war diese Verfügung hinfällig. Plünderungen gehören seit jeher zu den Kriegsbräuchen, doch blieb die Wartburg bis in unser Jahrhundert davon verschont – genauer bis 1946: Die Sowjetarmee schleppte den Inhalt der Rüstkammer, eine Waffensammlung von europäischem Rang, als Kriegsbeute davon. Diese Rüstkammer war seit 1801, als das Zeughaus in Weimar aufgelöst wurde, auf der Wartburg. Ihr Wert war unschätzbar. Sie bestand aus 856 meisterhaft gefertigten Gegenständen, die einst den Ausstellungsraum in der Dirnitz füllten: Armbrüste, Helme, Pistolen, Pavesen, Schwerter und prunkvolle Harnische, darunter der vergoldete, 1550 hergestellte Prunkharnisch, den König Heinrich II. dem Kurfürsten Moritz von Sachsen schenkte. Über den Verbleib und das Schicksal der prachtvollen Sammlung ist seit ihrem Abtransport nichts bekannt, vermutet wird sie in Rußland. Denn unter den Kunstgegenständen, die die Sowjetunion nach Kriegsende einkassierte und 1958 an die DDR zurückgab, befand sich eine Pavese aus der Rüstkammer der Wartburg. Nach der politischen Wende 1989/90 konnte die Wartburg-Stiftung erstmals an die Weltöffentlichkeit treten. Sie vervielfältigte die Dokumentation der Rüstkammer aus dem Jahre 1911 und verschickte sie an Auktionshäuser, Museen und Antiquariate in aller Welt, um eventuell Stücke aus der Sammlung identifizieren zu können. Doch bisher verlief diese Suche erfolglos.

Die Zahl der Besucher auf der Wartburg war seit dem 16. Jahrhundert immer wieder angestiegen. Durch die historischen Räume führte der jeweilige Pächter der Gaststätte. So anspruchsvoll wie heute können diese Führungen nicht gewesen sein, denn in den Akten der Wartburg steht zu lesen: »Bis jetzt sind die Stellen nur von minder Gebildeten besetzt worden ...« Es gab Ein-

Auf der Wartburg: Fayence-Ofen und Türrahmung sind Schweizer Import

trittskarten der I. und der II. Klasse (5 und 1 Silbergroschen) mit dem Unterschied, daß die Karteninhaber der I. Klasse mehr zu sehen bekamen. Wer nicht auf den Beginn der Führung warten wollte, durfte schon hinein, mußte aber am »Billetteurhause« das Doppelte zahlen. Geführt wurde im Sommer von 6 bis 20 Uhr. Der erste umfassende Wartburgführer erschien schon 1792.

Nach der Wiederherstellung der Burg stieg die Zahl der Besucher enorm, die Wartburg wurde zu einem der beliebtesten Ausflugsziele Deutschlands. 1894, als zum ersten Mal die Besucher gezählt wurden, waren es 38 220 Gäste, 1912 mehr als 100 000, 1921 schon über 200 000. Der zunehmende Besucherverkehr führte am Ende der Zufahrtsstraße oft zu Chaos, es fehlte an Platz zum Parken und Wenden der Fahrzeuge. Unternehmer witterten Geschäfte und hatten phantastische Ideen: Eine Zahnradbahn sollte die Touristen von der Innenstadt direkt in den Hof des Wartburg-Gasthofes transportieren, ein anderer Gedanke war, beim Zoo Hagenbeck in Hamburg anzufragen, ob er nicht Elefanten zum Transport von Besuchern bereitstellen könnte. Elefanten zogen allerdings nie den Berg hinauf, dafür konnte man auf Eseln hinaufreiten. Esel haben auf der Wartburg eine lange Tradition, Eseltreiber tauchen in den Akten schon 1487 auf. Drei bis fünf Esel und ein bis zwei Eseltreiber gehörten stets zum Burgleben dazu, denn sie brachten das Trinkwasser. Die Höhe und der Felsen hatten das Bohren eines Brunnens unmöglich gemacht. Als später die Wasserleitung fertiggestellt war, hatten die Esel ausgedient und wurden zur Touristenattraktion: Fortan konnten sich die Besucher auf ihren Rücken zur Burg hochtragen lassen, was lange Zeit kein billiges Vergnügen war. Der Ritt kostete 15 Silbergroschen, den Tagesverdienst eines Maurers. 1900 bekam der Eisenacher Louis Remmler die Erlaubnis, eine Eselstation zu eröffnen, die heute in der vierten Generation geführt wird. Dem Burgkommandanten wurde im Vertrag kostenloser Transport zugestanden. Seit dem Jahr 1900 gehören die Esel zur Wartburg wie Palas und Lutherstube. Jahr für Jahr trotten sie von Mai bis September morgens von ihrem Stall durch den Zeisiggrund zur Eselstation. Das Verkehrsproblem konnte mit den Wartburgeseln natürlich nicht gelöst werden. Erst der 1930 fertiggestellte Park- und Wendeplatz, die sogenannte Wartburgschleife, und später die Parkplätze im Marienthal brachten befriedrigende Lösungen.

»Wo steht die Burg, die ihr gleichkäme an geschichtlicher Bedeutung, an poetischer Weihe?« schrieb Hugo von Ritgen an den Wartburgerneuerer Carl Alexander. In der Tat: Carl Alexander verstand es, aus den Resten des historischen Bauwerks ein ansehnliches Geschichtsmonument zu machen. Bayernkönig Ludwig II. war bei seinem Besuch 1867 von der Wartburg so begeistert, daß er ihren Festsaal für sein Märchenschloß Neuschwanstein in einem etwas kleineren Maßstab kopieren ließ. Seit der Einheit Deutschlands liegt die Feste nun wieder in der Mitte des Landes und ist eines der beliebtesten deutschen Reiseziele.

Geschichtstabelle

um 1040
Graf Ludwig mit dem Barte baut bei dem heutigen Friedrichroda die Schauenburg, den Stammsitz der Ludowinger

1067
Sagenhafte Gründung der Wartburg durch den Sohn Graf Ludwigs, Ludwig den Springer

1080
Erste literarische Erwähnung der Feste

1190
Hermann I., Mäzen der Minnesänger, kommt auf den Thron der Landgrafschaft

1206/1207
Sängerkrieg auf der Wartburg – der Sage nach

1207
Geburt von Elisabeth, der späteren Thüringer Landgräfin

1221
Vermählung von Elisabeth und Landgraf Ludwig IV.

1224
Elisabeth bringt am 20. März Tochter Sophie zur Welt, später Herrscherin über hessische landgräfliche Gebiete nach dem Thüringer Erbfolgekrieg

1226
Gründung eines Armenhospitals durch Elisabeth unterhalb der Wartburg

1227
Landgraf Ludwig IV. stirbt während eines Kreuzzuges

1228
Beisetzung Ludwigs IV. im Familienkloster Reinhardsbrunn – Elisabeth verläßt die Wartburg, in Marburg setzt sie ihr karitatives Wirken fort

1231 und 1235
Tod Elisabeths und Heiligsprechung durch Papst Gregor IX.

1247
Mit Heinrich Raspe IV., dem Bruder von Ludwig IV., endet die Herrschaft der Ludowinger. Thüringen gelangt in den Besitz der Wettiner

1498
Martin Luther kommt als Lateinschüler (bis 1501) nach Eisenach

1521/22
Luther übersetzt das Neue Testament auf der Wartburg

1777
Erster Aufenthalt von Goethe in Eisenach und auf der Wartburg

1817
Wartburgfest der deutschen Burschenschaften am 18. Oktober

1838–1889
Wiederherstellung der Wartburg

1845
Uraufführung von Richard Wagners Oper »Tannhäuser und der Sängerkrieg auf Wartburg« in Dresden

1848
1200 Studenten von fast allen deutschen Universitäten treffen

sich zum zweiten Wartburgfest auf Initiative der Jenaer Burschenschaft

1849
Besuch Richard Wagners

1867
Mit der Erstaufführung von Franz Liszts Oratorium »Die Legende von der Heiligen Elisabeth« im Festsaal der Wartburg wird des 800jährigen Bestehens der Burg gedacht

1869
Gründung der Sozialdemokratischen Arbeiterpartei in Eisenach

1871
Die Bauarbeiten für einen befahrbaren Weg zur Wartburg (Wartburgchaussee) beginnen

1886
Im Dezember fließt auf der Burg erstmals Wasser aus der neuen Wasserleitung

1888
Eine Droschken-Omnibusverbindung vom Eisenacher Bahnhof zur Wartburg wird eingerichtet

1896
Gründung der Fahrzeugfabrik in Eisenach

1899
Die Wartburg erhellt elektrisches Licht

1909
Das Denkmal für Großherzog Carl Alexander, dem Erneuerer der Wartburg, wird am Eisenacher Kartausgarten enthüllt

1922
Überführung der Wartburg in eine Stiftung öffentlichen Rechts

1923
Gründung des Lutherischen Weltkonventes in Eisenach

1930
Die Straßen- und Parkplatzanlage Wartburgschleife wird dem Verkehr übergeben

1958
Das erste Wartburgkonzert des Deutschlandsenders findet im Festsaal der Wartburg statt

1988
Erstmalige Verleihung des Wartburgpreises

1989
Im Herbst Friedensgebete in der Eisenacher Georgenkirche und Demonstrationen für eine reformierte DDR

1990
Die Einheit Deutschlands beschert der Wartburg einen neuen Rekord: 760 000 Besuche. Das bisherige Rekordjahr war 1983 mit 520 000 Besuchern. – Die Deutschen Burschenschaften kehren nach Eisenach zurück, nach 55 Jahren findet das erste offizielle Treffen auf der Wartburg statt

1992
Wiedereinführung der traditionsreichen Bezeichnung Burghauptmann für den Leiter der Wartburg

1993
Der Thüringer Landtag verabschiedet im Festsaal der Wartburg die Thüringer Verfassung

Von Dynastien und Dichtern

Wer die Wartburg besucht, dem »begegnen« Fürsten und Künstler, Sagen und Geschichte auf Schritt und Tritt

Arnswald, Bernhard von (1807–1877)
35 Jahre lang arbeitete und wohnte er als Kommandant der Wartburg auf dem Berg. Zum großen Teil erfolgte deren Wiederherstellung in seiner Amtszeit. Er hatte freie Wohnung auf der Burg und das »Recht der Schankwirtschaft und das Herumführen der Fremden, welches er jedoch nicht in Person, sondern durch einen Pächter oder durch einen Verwalter« ausüben lassen konnte. Oft griff Arnswald zu Pinsel und Bleistift, mehrfach skizzierte er auch den Maler Moritz von Schwind bei der Arbeit.

Berlepsch, Hans von (um 1475–1535)
Der Burghauptmann wurde durch Luthers Aufenthalt auf der Wartburg bekannt, wo er seit 1517 waltete. Ihm sandte Luther später die Drucke seiner auf der Wartburg verfaßten Schriften.

Einst lebten Luthers Eltern in Möhra, wo heute dieser stolze Luther einlädt, über Gott und die Welt zu streiten

Burghauptmann
Traditionelle, seit dem 19. Jh. wieder übliche Amtsbezeichnung für den Vorsteher der Wartburg. Erstmals nachweisbar ist sie für das 16. Jh. bei Hans von Berlepsch. Vorher hießen die Burgverwalter u. a. »Burggrafen«, dieser Titel wird erstmals 1185 erwähnt. Der letzte »Burghauptmann« war der 1946 verstorbene Hans von der Gabelentz. Nach der Einheit Deutschlands führte der Stiftungsrat 1991 wieder den historischen Titel »Burghauptmann« ein, in dieser Funktion amtiert seit März 1992 der Kunsthistoriker Prof. Ernst Badstübner.

Burschenschaft
Ein Zusammenschluß von Studenten und teilweise auch Professoren seit 1815. Ende des 18. Jhs. bedeutete das Wort Burschenschaft dasselbe wie Studentenschaft. Sie setzten sich neben der Reform des studentischen Lebens ein gegen Kleinstaaterei und absolutistische Herrschaft, für die Rechte des Bürgertums und die nationale Einheit.

In der ersten Hälfte des vorigen Jahrhunderts wurden die Burschenschaften als »revolu-

Lucas-Cranach-Gedenkstein von 1924 an der Wartburgallee

tionäre« Zusammenschlüsse verfolgt – besonders nach dem Scheitern der Revolution –, da sie gegen die »Reaktion« in Deutschland eintraten. Später unterstützten sie die Politik Bismarcks. Nach der Gründung des Deutschen Reiches prägten eher konservatives Gedankengut und studentisches Brauchtum die Burschenschaften.

Von 1883 bis zur Auflösung durch die Nationalsozialisten 1935 hatten sie sich im Allgemeinen Deutschen Burschenbund zusammengeschlossen. 1950 kam es in Marburg zur Wiedergründung des Verbandes, dem gegenwärtig mehr als 130 Burschenschaften mit 20 000 Mitgliedern in Deutschland und Österreich angehören.

Die meisten ihrer jährlichen Burschentage fanden in Eisenach statt. Am bekanntesten ist das Wartburgfest, zu dem am 18. Oktober 1817 die Jenaische Burschenschaft eingeladen hatte. Anlaß war das Gedenken an die Reformation vor 300 Jahren und die Völkerschlacht bei Leipzig vier Jahre zuvor. Hier erschienen die burschenschaftlichen Farben Schwarz-Rot-Gold zum ersten Mal, sie sollten später zur deutschen Nationalflagge werden.

Vom Marktplatz in Eisenach zogen die Studenten auf die Wartburg. Im heutigen Festsaal sangen sie »Nun danket alle Gott«. Bei einem Siegesfeuer am Abend auf dem der Burg gegenüberliegenden Wartenberg wurden freilich auch Bücher verbrannt, Schriften von August von Kotzebue beispielsweise, der die liberalen Ideen der Studenten verspottete, der Code Napoléon und andere. Symbolisch wurden den Flammen auch ein Zopf und ein Korporalstock als Zeichen einer veralteten Zeit überantwortet. Nach dem Zweiten Weltkrieg wurde Landau in der Pfalz zur zweiten Heimat der Deutschen Burschenschaften. Im Mai 1991 fand nach Jahrzehnten der Teilung Deutschlands wieder der erste Burschenschaftstag in Eisenach statt.

Carl Alexander, Großherzog von Sachsen-Weimar-Eisenach (1818–1901)
Die Wartburgerneuerung gilt als sein Lebenswerk. Schon als Zwanzigjähriger begann er mit der Planung, erst im hohen Alter hatte er sein Werk vollendet. Die Eisenacher Stadtväter ehrten Carl Alexander 1909 mit einer überlebensgroßen Statue am Kartausgarten, ein Werk des Bildhauers Hermann Hosäus. Am 5. Juli 1853 bestieg Carl Alexander den Thron, ein Grandseigneur, dessen Hofhaltung zu den prunkvollsten in Deutschland zählte. Carl Alexander war der Sohn des Großherzogs Carl Friedrich und der russischen Zarentochter Maria Pawlowna. Er vermählte sich mit Wilhelmine Sophie, einer niederländischen Prinzessin des Hauses Oranien. Sie hatten drei Kinder: Carl August, Marie und Elisabeth. Enge verwandtschaftliche Bindungen bestanden auch zu Preußen: Seine Schwester Augusta war die Gemahlin von Wilhelm I. 1871 wohnte Carl Alexander dessen Krönung zum deutschen Kaiser im Versailler Spiegelsaal bei.

Cranach, Lucas d.Ä. (nach 1472–1553)
Der Maler der Reformation. Seine Herkunft und sein Werdegang sind nur teilweise bekannt. Cranach soll 1472 im fränkischen Kronach geboren worden sein. Nach Wanderjahren und einem zweijährigen Aufenthalt in Wien wurde er 1505 an den Hof des sächsischen Kurfürsten in Wittenberg berufen. Schon sein Frühwerk, besonders seine von der Donauschule beeinflußten Gemälde wurden berühmt; Kreuzigungsdarstellungen, Holzschnitte, Altarwerke, Madonnenbilder und Radierungen gehören zu seinem Gesamtwerk. Cranach setzte das selbständige Ganzfigurenbildnis in der deutschen Malerei durch.

Cranach war nicht nur ein hochbezahlter Hofmaler, sondern auch Unternehmer, Ratsherr und Bürgermeister. Er gehörte zu den treuesten Anhängern Martin Luthers, den er auch mehrfach nebst seiner Familie portraitierte. In seiner Werkstatt in Wittenberg arbeiteten zeitweise mehr als elf Gesellen und zahlreiche Lehrlinge und produzierten massenhaft Grafiken, Gemälde, Buchillustrationen, Altäre und Wandmalereien. Zu den bekanntesten Arbeiten Cranachs gehört die Ausgestaltung der ersten protestantischen Kirche im Torgauer Schloß Hartenfels, die 1544 durch Martin Luther geweiht wurde. Sein letztes Werk ist der Altar der Weimarer Kirche St. Peter und Paul (Herderkirche genannt); durch seinen Tod konnte er ihn nicht mehr vollenden, sein Sohn stellte ihn fertig.

Eckartsburg
Eine bedeutende Burg der Thüringer Landgrafen, die Markgraf Eckart von Meißen vermutlich um 1000 gründete. Her-mann I. (gest. 1217) hielt sich nachweisbar sechsmal auf der Feste auf. Was heute auf dem Schloßberg südwestlich über der Stadt Eckartsberga zu sehen ist, stammt aus der zweiten Hälfte des 12. Jhs. und ist leider nur noch als Ruine, aber als besonders eindrucksvolle, erhalten: Der 22 m hohe Bergfried ist nun Museum, in dem ein Diorama mit 6000 Zinn-

figuren die Schlacht von Auerstadt am 14. Oktober 1806 nachstellt. Damals verlor das preußische Heer gegen die napoleonischen Truppen.

Elisabeth, Landgräfin von Thüringen (1207–1231)
Ungarische Königstochter aus dem Hause Arpádhazi. Knapp vierjährig kam sie durch feudale Heiratspolitik auf die Wartburg und wurde mit dem zehnjährigen Hermann, Sohn von Landgraf Hermann I., verlobt. Nach dessen frühen Tod 1216 fand 1221 die Vermählung mit seinem Bruder, Ludwig IV., statt. Elisabeths Leben und Wirken wurden vielfach beschrieben und besungen, um sie ranken sich zahlreiche Legenden. Elisabeth lebte nach dem franziskanischen Ideal der Armut und Nächstenliebe, ihre eigenhändige Fürsorge für Arme und Kranke forderte den Widerstand der landgräflichen Familie heraus. Ihr Gemahl erlag während des Kreuzzuges 1227 angeblich einer Seuche, die Legende berichtet aber auch von einem vergifteten Trank, den er mit der Kaiserin Jolanthe zu sich genommen habe, denn auch sie starb. Elisabeths Schwager Heinrich Raspe (gest. 1247), der die Vormundschaft für ihren Sohn besaß, vertrieb sie mit den drei Kindern von der Wartburg. Sie ging nach Marburg und gründete dort 1229 ein Spital, in dem sie selbst Kranke pflegte. Im Alter von nur vierundzwanzig Jahren starb Elisabeth am 17. November 1231, zwei Tage später erfolgte die Beerdigung. Dieser Tag wurde der Tag der hl. Elisabeth. 1235 erfolgte die Heiligsprechung durch Papst Gregor IX. Ihr zu Ehren wurde in Marburg die Elisabethkirche errichtet, der erste hochgotische Kirchenbau Deutschlands (1235–85). Die Umbettung ihrer sterblichen Überreste dorthin erfolgte am 1. Mai 1236 im Beisein von Kaiser Friedrich II. Nach dem Vorbild der Marburger Kirche entstand in Eisenach die katholische St.-Elisabeth-Kirche (1887).

Eschenbach, Wolfram von (um 1170–um 1220)
Einer der bekanntesten deutschen Minnesänger. Wolfram von Eschenbach wurde in Franken geboren, nannte sich selbst jedoch einen Bayern. Das wurde, wie alle anderen spärlichen Angaben zu seinem Leben, seinen eigenen Schriften entnommen. Am Hof des kunstliebenden Thüringer Landgrafen Hermann I. dürfte er Walther von der Vogelweide getroffen haben. Zu dichterischem Ruhm gelangte Wolfram von Eschenbach weniger durch Lieder, von denen nur acht erhalten geblieben sind, sondern vielmehr durch sein episches Werk. In seinem Versroman »Parzival« entwickelt er phantasie- und humorvoll die Kunst der Menschencharakterisierung weiter, in einer Sprache, die schon barocke Stilelemente, Archaismen, Fremdwörter und volkstümliche Wendungen vermischt. Für die späteren Meistersinger wurde seine Kunst zum Vorbild. Wolfram schrieb den Parzival zu einem großen Teil auf der Wartburg. Er wurde schon von seinen Zeitgenossen viel gelesen.

In der Großen Heidelberger Liederhandschrift ist Wolfram von Eschenbach auf Tafel 47 in einer prachtvollen ritterlichen Rüstung abgebildet.

Goethe, Johann Wolfgang von (1749–1832)
Der Dichter der Weimarer Klassik war zugleich Staatsmann, Naturwissenschaftler, Philosoph und bildender Künstler. 1775 kam er nach Weimar, 1776 wurde er Staatsbeamter am Hof des Herzogs Carl August und blieb dort bis zu seinem Tode. Als Minister des Herzogtums Sachsen-Weimar-Eisenach reiste er wiederholt nach Eisenach, die Wartburg besuchte er mehrere Male, zuerst 1777. Ihm gefielen jedoch weniger Architektur und Burgatmosphäre, sondern mehr die Umgebung und Landschaft, die Anreiz zum Schreiben und Gelegenheit für naturwissenschaftliche und geologische Studien bot. Goethe regte Herzog Carl August an, auf der Wartburg eine Kunstsammlung anzulegen, die der Grundstock des Museums wurde.

Heidelberger Liederhandschrift
Über 600 Jahre alte mittelalterliche Handschrift, die alle von 1160 bis etwa 1330 bekannten Minnelieder und 138 Miniaturen enthält. Der Bilder- und Liederzyklus gibt Zeugnis vom höfischen Leben und Geist der Stauferzeit, wie es sich die Künstler Anfang des 14. Jhs. vorstellten. Zehn oder elf Schreiber und mindestens vier Maler arbeiteten in vermutlich zwei Jahrzehnten an diesem Werk, das aus 426 Pergamentblättern (852 Seiten) mit einer Seitengröße von 25 x 35,5 cm besteht. Die Handschrift ist 12 cm dick und wiegt etwa 7 kg. Sie enthält rund 5400 Strophen von 140 Autoren. Das Schönste an ihr sind die 237 ganzseitigen farbigen Miniaturen, die Autorenporträts, darunter auch die jener Minnesänger, die am sagenhaften Sängerkrieg auf der Wartburg teilgenommen haben. Das kostbare Buch wird seit 1888 in der Heidelberger Universitätsbibliothek aufbewahrt und die »Große Heidelberger Liederhandschrift« genannt, da es dort auch eine kleine Minnesängersammlung ohne Bilder gibt. Die große trägt auch noch den Namen »Manessische Liederhandschrift«. Der geht auf den Schweizer Gelehrten Jakob Bodmer (1698–1783) zurück, der nachwies, daß der Züricher Patrizier Rüdiger Manesse die Sammlung der Lieder veranlaßt habe. Sie ist erstmals 1571 im privaten Bücherverzeichnis des Kurfürsten Friedrich III. von der Pfalz erfaßt, später kam sie über Holland nach Paris, wo sie 231 Jahre blieb.

Historismus
Stil in der Baukunst, in dem in der zweiten Hälfte des 19. Jhs. zahlreiche Profan- und Sakralbauten entstanden. Der Historismus wiederholte historische Stile und verband sie mit Auffassungen der damaligen Zeit. Besonders die Neogotik wurde als ein neuer, nationaler Stil gefeiert. Der Historismus, unter dessen Einfluß die Wartburg erneuert wurde, hatte seine Blütezeit von etwa 1820 bis 1900 und wurde vom Jugendstil abgelöst.

Landgrafenpsalter
Bedeutende und künstlerisch wertvolle Handschrift mit 150 Psalmen aus dem 13. Jh., die vermutlich im Auftrag des Thüringer Landgrafen Hermann I. und seiner Gemahlin Sophie von

1211–13 entstand. Beide sind in der Litanei abgebildet. Bebildert ist der Landgrafenpsalter mit Miniaturszenen aus dem Leben Christi, durch die der Psalter auch für Analphabeten verständlich wurde. Der Landgrafenpsalter kam 1810 in die Hofbibliothek Stuttgart, die Wartburg besitzt seit 1992 eine Faksimile-Ausgabe, die sich vom Original kaum unterscheidet.

Ludowinger

Dynastie, die im Mittelalter die Landgrafschaft Thüringen beherrschte, begründet von Ludwig dem Bärtigen, dessen Verwandte Burggrafen von Mainz waren. Er kam Mitte des 11. Jhs. nach Thüringen und ließ die Schauenburg beim heutigen Friedrichroda errichten. Sein Sohn Ludwig I. gilt als Erbauer der Wartburg. Als dieser wegen Anstiftung zum Mord an Pfalzgraf Friedrich III. auf dem Hallenser Giebichenstein gefangensaß, soll er sich durch einen kühnen Sprung in die Fluten der Saale befreit haben, was ihm den Beinamen »Springer« einbrachte. Auf dem Reichstag im Frühjahr 1131 in Goslar bekamen die Ludowin-

In Miniatur, naiv und rührend: Landgraf Hermann I. und Landgräfin Sophie

ger von Kaiser Lothar III. die Landgrafenwürde verliehen. Die Ludowinger regierten rund 100 Jahre, Heinrich Raspe IV. (1227–1247), der letzte Landgraf, war kurze Zeit auch Gegenkönig von Kaiser Friedrich II. Nach seinem Tod teilten sich den Besitz – nach siebzehnjährigem Erbfolgekrieg – Sophie von Brabant, die älteste Tochter Elisabeths, und der Markgraf von Meißen, Heinrich der Erlauchte, Neffe Raspes aus dem Hause Wettin. Das war die politische Trennung zwischen Hessen und Thüringen, gemeinsam blieb beiden der ludowingische Löwe im Wappen.

Luther, Martin (1483–1546)
Reformator und Doktor der Theologie an der Wittenberger Universität. Auf der Wartburg übersetzte Luther das Neue Testament aus dem Griechischen. Zuvor jedoch wandte er sich mit seinen berühmten 95 Thesen am 31. Oktober 1517 an die Tür der Schloßkirche in Wittenberg angeschlagen, gegen den Mißbrauch des Ablaßhandels der römisch-katholischen Kirche, mit dem Gläubige sich von ihren Sünden durch Erwerb von Ablaßbriefen freikaufen konnten. Diese 95 Thesen waren eine Sensation. In 14 Tagen liefen sie durch ganz Deutschland. Die protestantischen Kirchen feiern den Anschlag an die Schloßkirche heute als ihren Gründungstag.

Der Ablaß, Vergebung von Sünden gegen Bargeld, war eine Seuche der Zeit. Einer der Hauptakteure war der Dominikaner Johannes Tetzel. Überall ließ er Anschläge mit den Ablaßgebühren anbringen: Fürstlichkeiten 25 Gulden, bessere Bürger 6, kleine Leute ein halber oder viertel Gulden für einen Ablaßbrief. Berühmt berüchtigt wurde der Satz: »Sobald das Geld im Kasten klingt, die Seele aus dem Fegfeuer springt.«

Luther wollte mit seinen Thesen zur Diskussion herausfordern. Die Kirche reagierte: Luther wurde vom Augsburger Bischof verhört. Aufsehen erregte dann das Streitgespräch mit dem Ingolstädter Theologieprofessor Johann Eck vom 27. Juni bis 16. Juli 1519 in Leipzig. Luther bestreitet die Unfehlbarkeit des Papstes und der Konzilien. Er verfaßte noch weitere Schriften, mit denen er den Zorn der Kirche auf sich zog, so »Von des christlichen Standes Besserung« (an den Adel), »Von der babylonischen Gefangenschaft der Kirche« (in der er seinen endgültigen Bruch mit der Kirche besiegelte) und »Von der Freiheit eines Christenmenschen«.

Die deshalb gegen ihn gerichtete Bannbulle von Papst Leo X. (1475–1521) verbrennt Luther 1520 in Wittenberg. Auf dem Wormser Reichstag weigerte er sich 1521 vor Kaiser Karl V. (1500–1558) und den Reichsständen ebenfalls, seine Lehre zu widerrufen. Daraufhin wurde er mit der Reichsacht belegt. Zu seinem Schutze ließ ihn der sächsische Kurfürst Friedrich der Weise (1463–1525) am 4. Mai 1521 in Sicherheit bringen.

Nach dem Neuen Testament übersetzte Luther in den folgenden zwölf Jahren mit Unterstützung zahlreicher Freunde das Alte Testament aus dem Hebräischen. Die erste vollständige deutsche Bibel konnte im September 1534 in Wittenberg gedruckt werden. Sie ist die Grundlage unserer hochdeutschen Sprache und Schrift.

Der ehemalige Mönch Martin Luther heiratete am 13. Juni 1525 die ehemalige Nonne Katharina von Bora (1499–1552) nach deren Flucht aus dem Kloster Nimbschen; mit ihr hatte er vier Kinder. Luther, einer der gebildetsten Männer seiner Zeit, galt als fröhlicher Zecher und lauter Sänger. Im Garten seines Wittenberger Hauses, jedenfalls will das Luther-Biograph Wolfgang Landgraf herausgefunden haben, hatte er sogar eine Kegelbahn. Der Reformator starb in seiner Geburtsstadt Eisleben: heute sind sein Geburts- und Sterbehaus Museen.

Minnesang

Mittelhochdeutsche Lyrik von der Mitte des 12. bis Ende des 14. Jhs., vor allem zur Fidel und Harfe vorgetragen. Hauptthema der Minnelieder ist die Sehnsucht nach Liebe, oft gestaltet in einem fiktiven Dienstverhältnis zu einer idealen Frauengestalt.

Erst seit dem 13. Jh. werden die Texte aufgezeichnet, zu den bekanntesten Sammlungen gehören die »Große Heidelberger Liederhandschrift« (auch »Manessische Liederhandschrift«), die Jenaer und die Weingartner Liederhandschrift. Die Dichter trugen als Minnesänger ihre Lieder selbst vor, an Fürstenhöfen und am Kaiserhof der Staufer; mit dem Verfall der Fürstenhöfe und dem Aufstieg des städtischen Bürgertums wird der Minnegesang vom Meistergesang abgelöst.

Neuenburg

Auf einem Bergsporn im Südosten von Freyburg/Unstrut (Sachsen-Anhalt) vor 1100 von Ludwig dem Springer errichtet. Ihre Blütezeit hatte die Neuenburg, eine oft umkämpfte Festung, bis 1217 unter den Thüringer Landgrafen Ludwig III. und Hermann I. Ab 1541 zum fürstlichen Wohnschloß umgewandelt, wurde es im 17. und 18. Jh. in der Zeit des Herzogtums Sachsen-Weißenfels im barocken Stil umgebaut. Heute ist die Neuenburg Museum.

Quast, Alexander Ferdinand von (1807–1877)

Preußens erster Konservator (seit 1843) für Kunstdenkmäler. Auf Empfehlung von König Friedrich Wilhelm II. wurde er mit den Entwürfen zur Wiederherstellung der Wartburg betraut. Die 1846 und 1848 vorgelegten Arbeiten bezeichnete Hugo von Ritgen jedoch abwertend als »zauberhaftes Feenschloß« und »reizende Villa«. Von Quast wollte weniger konservieren, sondern neugestalten: Ein mächtiger Wohnturm, der Abbau der Ringmauer, ein Garten mit byzantinischem Labyrinth gehörten zu seinen Plänen, die im Besitz der Wartburg-Stiftung sind. Zu Ruhm gelangte Quast, ein Schüler des preußischen Baumeisters Karl Friedrich Schinkel, durch die Restaurierung des Aachener Münsters, des Erfurter Doms und der Trierer Liebfrauenkirche.

Reformation

Seit dem 17. Jh. Bezeichnung für die von Martin Luther, Huldrych Zwingli und Johannes Calvin ausgelöste kirchlich-religiöse Bewegung, die die Uniformität des mittelalterlichen Glaubens und Denkens durchbrach und zur Entstehung neuer, vom Papst unabhängiger Kirchen führte. Eingeleitet wurde die Reformation durch den Anschlag der 95 gegen den Ablaß gerichteten Thesen Luthers am 31. Oktober 1517 an der Schloßkirche in Wittenberg. Empörung und Kritik am landesherrlichen Kirchenregiment konnten nicht mehr unterdrückt werden, da ein Großteil der weltlichen Machthaber Luther unterstützte und die schon lange existierenden geistesgeschichtlichen Spannungen und die Kritik an der Kirche in der Reformationsbewegung ihren gemeinsamen Ausdruck fanden. Die evangelische Kirche feiert am 31. Oktober das Reformationsfest.

Ritgen, Hugo von (1811–1889)
Von 1849 an leitete der Architekturprofessor die Wiederherstellung der Wartburg. Von Ritgen beschäftigte sich nach dem Studium in Darmstadt besonders mit der mittelalterlichen Architektur, unternahm ausgedehnte Studienreisen durch Westeuropa und begann 1835 an der Hochschule Gießen zu lehren, wo er 1843 zum ordentlichen Professor ernannt wurde. Ritgen war an der Erhaltung und Wiederherstellung zahlreicher Burgen, Schlösser und Kirchen in Hessen beteiligt. 1846 hörte er von dem Plan, die Wartburg zu erneuern, und fertigte ohne Auftrag Entwürfe, die er ein Jahr später an Erbgroßherzog Carl Alexander sandte. Von Ritgen durfte seine Gedanken über die Restaurierung der Wartburg auch ausführen und zu seinem Lebenswerk machen.

Romanik
Frühmittelalterlicher Kunststil, etwa von 950 bis 1250. In der Romanik, für die mächtige Mauern und Gewölbe typisch sind, wurden einzelne Formen altrömischer Baukunst abgewandelt verwendet, so Rundbogen an Arkaden und als Portal- und Fensterabschluß. Die Innen- und Außenwände sind durch Blendbogen, Nischen usw. vielfältig gegliedert, reiche Bauplastik schmückt Portale, Kapitelle und Friese. In der Frühromanik entstanden Flachdecken, in der Hochromanik dann auch Kreuzgrat- und Kreuzrippengewölbe. Die Bauten sind straff gegliedert, bei den Kirchen zum Beispiel Schiffe, Querhaus und Chor voneinander abgesetzt, Türme – die weithin sichtbare Machtsymbole waren – fassen die einzelnen Baukörper zusammen. Baumaterialien waren Natur- und Backsteine sowie Holz.

Die Romanik folgte auf die karolingische Kunst und wurde von der Gotik abgelöst. Der Begriff kam erst im zweiten Viertel des 19. Jhs. in Anlehnung an die Bezeichnung »romanische Sprachen« auf.

Runneburg
Einst neben Wartburg, Creuzburg und Neuenburg im Besitz der Thüringer Landgrafen am Stadtrand von Weißensee. Landgräfin Jutta, die Gemahlin von Landgraf Ludwig II. (gest. 1172), war die Strecke von der Wartburg im Westen zur Neuenburg im Osten für einen Tagesritt zu lang. Der Sage nach veranlaßte

sie deshalb 1168 auf etwa halber Strecke den Bau der Runneburg. Im 16. und 19. Jh. umfangreich umgebaut, sind heute Toranlage, Wohnturm und Reste des Palas erhalten geblieben. Nebenan steht ein Fürstenhaus aus dem Jahre 1738.

Rüstkammer
Ursprünglich Aufbewahrungsort von Waffen, heute werden Waffensammlungen als Rüstkammer bezeichnet. Die Rüstungen, meist völlig aus Metall hergestellte Schutzbekleidungen für Mensch und Tier, bestanden im Altertum aus einem nur Ober- und Unterleib bedeckenden Panzer, im Mittelalter schützte der aus Eisenplatten, Röhren und Streifen bestehende Harnisch den ganzen Körper. Rüstungen verloren mit dem Aufkommen der Feuerwaffen ihre Bedeutung und wurden ab dem 17. Jh. nur noch zum Turnier und zur Repräsentation getragen. Das Gewicht einer Vollrüstung betrug bis zu 35 Kilogramm. Rüstungen sind meist Zeugnisse hoher technischer und künstlerischer Handwerksleistungen. Die prachtvolle Rüstkammer der Wartburg wurde 1946 auf Befehl der Sowjets in 40 Kisten verpackt und vermutlich außer Landes gebracht.

Schwind, Moritz von (1804–1871)
Österreichisch-deutscher Maler und Zeichner, der mit den Wartburg-Fresken den Höhepunkt seines Schaffens erreichte. Der spätromantische Maler verwandte bei der Ausgestaltung des Palas die Freskotechnik, bei der mit Kalkwasser angerührte Farben auf den noch feuchten Putz aufgetragen werden. Die Fresken sind so besonders haltbar, da Farben und Verputz sich unauslöslich miteinander verbinden. Seinen Ruf als Freskenmaler hatte von Schwind mit einem Bibliothekszimmer im Königsbau der Münchner Residenz begründet, das er 1833/34 mit Märchenszenen nach Ludwig Tiecks Sammlung »Phantasus« ausschmückte. Als von Schwind auf den Wartburg-Auftrag wartete, schrieb er 1849, er brenne »nach dieser schönsten aller Arbeiten und finge lieber gleich an«. 1854 erteilte ihm Großherzog Carl Alexander den Auftrag mit den Worten: »Sie haben die Tüchtigkeit Ihres Naturbesitzes, unterstützt durch Religiosität, Poesie, Schönheit und Humor bewiesen ...«

Tannhäuser
Ein Minnesänger aus der Oberpfalz oder der Nähe von Nürnberg. Urkundlich ist Tannhäuser nicht erwähnt, so daß biographische Informationen nur seinen Versen entnommen werden konnten, die zwischen 1228 und 1265 entstanden. Um 1205 geboren, soll Tannhäuser 1228/29 an einem Kreuzzug teilgenommen haben; eine Miniatur in der »Großen Heidelberger Liederhandschrift« zeigt ihn als Kreuzfahrer im Mantel der Ordensritter. Er gilt als Schützling des österreichischen Herzogs Friedrich II., des Streitbaren (gest. 1246), der ihn mit Haus und Hof belehnte. Nach dessen Tod in Not geraten, soll Tannhäuser nach 1266 verstorben sein. Doch seine Figur lebt weiter, seit dem 14. Jh. als Sagengestalt, seit Anfang des 16. Jhs. als Held eines Volksliedes. Der Sage nach liebte Tannhäuser Frau Ve-

nus in deren Zauberberg, doch als er Reue spürte, pilgerte er nach Rom, bekam aber von Urban IV. (Papst von 1261–64) keine Vergebung. Der Papst hob seinen Bischofsstab, das Zeichen göttlicher Vergebung, empor und sagte: »So wenig als der Stab Grün treibt, so wenig kann der Tannhäuser die Vergebung seiner Sünden erfahren.« Kaum war Tannhäuser davon, begann der Stab zu grünen. Der Papst ließ Tannhäuser überall suchen, der aber war schon lange wieder im Berg bei Frau Venus. Die Tannhäusersage wurde vielfach aufgegriffen, so von Ludwig Tieck in seiner Novelle »Der getreue Eckart und Tannhäuser« (1799). Wo sich der immer wieder genannte Venusberg befindet, wurde nicht überliefert. Tieck spricht von einem »Geheimnis«, aber auch, daß der Berg »in unserm deutschen Lande« liege. Erst in der ersten Hälfte des 19. Jhs. wurde der Venusberg mit den Hörselbergen bei Eisenach gleichgesetzt, unter anderem von Ludwig Bechstein. Durch Richard Wagner wurde der Große Hörselberg endgültig zur Heimat von Frau Venus und Tannhäuser. Seit 1929 trägt eine Felsenspalte am Großen Hörselberg den Namen Tannhäuserhöhle, seit 1982 gibt es am Kleinen Hörselberg die Wagnerhöhle.

Täuferbewegung
Breite sozial-religiöse Strömung, die Mitte der 20er Jahre des 16. Jhs. vor allem in der Schweiz und im sächsisch-thüringischen Gebiet entstand. Ihre Wurzeln lagen in der Unzufriedenheit breiter Volksmassen mit dem Verlauf der Reformation und der Enttäuschung über den Ausgang des Bauernkrieges. Äußeres Zeichen war die Ablehnung der Taufe unmündiger Kinder zugunsten einer Erwachsenentaufe, deshalb auch Wiedertäufer genannt. Weil sie die kirchliche und weltliche Obrigkeit nicht anerkannten, wurden die Täufer unbarmherzig verfolgt, was 1529 auch ein kaiserliches Mandat sanktionierte.

Vogelweide, Walther von der (um 1170–um 1230)
Fast zwei Dutzend Städte und Dörfer in Deutschland, Österreich und der Schweiz behaupten, sie seien Geburtsort des bekanntesten und vielseitigsten mittelhochdeutschen Lieder- und Spruchdichters. Walther von der Vogelweide dürfte auch der produktivste gewesen sein, von ihm sind rund 80 Lieder und 100 Sprüche überliefert. Er vervollkommnete den höfischen Minnesang, indem er persönliche Erlebnisse, Naturempfinden und sittlichen Ernst bewußt schlicht und dennoch mit geistiger und künstlerischer Feinheit ausdrückte. Auch er soll am Sängerkrieg auf der Wartburg teilgenommen haben. Aus seinen Texten geht hervor, daß er ab 1214 für Kaiser Friedrich II. dichtete. Eine Nachricht aus dem 14. Jh. überliefert, Walther von der Vogelweide sei im Kreuzgang des Neumünsters in Würzburg begraben. Dort steht heute sein Grabstein. In der »Großen Heidelberger Liederhandschrift« ist er auf Tafel 45 auf einem grünen Anger sitzend dargestellt.

Wagner, Richard (1813–1883)
Komponist bedeutender Opern und Vertreter der Idee des Ge-

samtkunstwerks. Zu den bekanntesten Werken Richard Wagners zählen »Der fliegende Holländer« (Uraufführung 1843), »Lohengrin« (Uraufführung 1850), »Die Meistersinger von Nürnberg« (Uraufführung 1868), »Der Ring des Nibelungen« (Uraufführung 1876) sowie »Tannhäuser und der Sängerkrieg auf Wartburg« (Uraufführung 1845). Als Anregung für diese Oper dienten Wagner die Erzählungen Ludwig Tiecks und E. T. A. Hoffmanns. In der romantischen Oper in drei Akten verschmolz Wagner die Sage vom Tannhäuser mit der Legende vom Sängerkrieg auf der Wartburg. Hauptfiguren sind der Thüringer Landgraf Hermann I. sowie die Minnesänger Wolfram von Eschenbach und Walther von der Vogelweide, Orte sind »Das Innere des Hörselberges bei Eisennach«, »Ein Tal vor der Wartburg« und der »Saal in der Wartburg«. Zu den bekanntesten Liedern aus der Oper gehört die Arie der Elisabeth »Dich teure Halle, grüß' ich wieder«.

Wagner beschreibt seine Anspannung, während er an der Oper arbeitet: »Es war eine verzehrend üppige Erregtheit, die mir Blut und Nerven in fiebernder Wallung erhielt, als ich die Musik des ›Tannhäuser‹ entwarf und ausführte.« Zum 28. Jahrestag des Wartburgfestes, am 18. Oktober 1845, wurde sie in Dresden unter seiner Leitung uraufgeführt. Ihre endgültige Fassung bekam die Oper jedoch erst 1865 in Wien. Die Wartburg besuchte Wagner erstmals am 15. Mai 1849, zusammen mit dem Eisenacher Musikdirektor und Komponisten Kühmstedt. Richard Wagner, der wegen der Beteiligung am Dresdner Maiaufstand 1849 steckbrieflich gesucht wurde, schrieb über diesen Besuch: »... nun zum erstenmal sollte ich diese mir so innig bedeutungsvollen Gebäude wirklich betreten, wo ich zugleich mir sagen mußte, daß die Tage meines ferneren Verbleibens in Deutschland gezählt waren ...« Richard Wagner floh nach Zürich, war in Theater- und Schuldenskandale verwickelt und konnte erst wieder materiell gesichert arbeiten, als er 1864 vom bayerischen König Ludwig II. nach München berufen wurde. In der Eisenacher Reuter-Villa wird eine der umfangreichsten Wagner-Sammlungen aufbewahrt, zu der handschriftliche Partituren und die Totenmaske gehören, eine der fünf bekannten Originalabgüsse.

Wartburg-Bibliothek

Mehr als 8000 Bücher umfaßt die Wartburg-Bibliothek heute, viele aus der Zeit vor 1900. Es ist keine öffentliche, sondern eine Präsenz-Bibliothek, die der wissenschaftlichen Arbeit dient. Am 10. November 1883, an Luthers 400. Geburtstag, erließ Großherzog Carl Alexander einen Aufruf »zu einer Sammlung von Büchern für die Lutherbibliothek auf der Wartburg«. Bereits 1889 kamen die Bücher von der Wartburg als Teil der neuen Carl-Alexander-Bibliothek in die alte Eisenacher Predigerkirche, wo sie bis 1955 verblieben.

Wartburg-Jahrbuch

Nach 54 Jahren Pause erschien 1993 erstmals wieder ein Wartburg-Jahrbuch, ein Rückblick auf das vergangene Jahr. Die nun wieder regelmäßig erscheinende Publikation lehnt sich in der äußeren Form an die Hefte an, die die »Freunde der Wartburg e. V« von 1923 bis 1938 herausgaben. Dieser 1922 gegründete Verein zählte zeitweise bis zu 7000 eingetragene Mitglieder. In dem Jahrbuch informieren die Wissenschaftler der Burg vor allem über ihre Forschungsergebnisse. Im ersten Jahr lag der thematische Schwerpunkt bei den Fresken Moritz von Schwinds, im zweiten stand der Palas im Mittelpunkt. Die Jahrbücher sind auf der Wartburg erhältlich.

Wartburg-Preis
Mit dem 1988 erstmals verliehenen Wartburgpreis wurden bisher Persönlichkeiten geehrt, die sich für Pflege und Erhaltung der Wartburg und ihre kulturellen Aufgaben eingesetzt haben. Seit 1992 besitzt der jährlich verliehene Preis eine überregionale Dimension. Mit ihm werden, so heißt es im Statut des Wartburgpreises, »Verdienste um die politische und kulturelle Einigung Europas« geehrt. 1992 erhielten ihn der ehemalige Bundesaußenminister Hans Dietrich Genscher, der polnische Außenminister Krystof Skubiszewski und der französische Außenminister Roland Dumas mit der Begründung, daß alle drei die Verständigung zwischen den Nationen Europas entwickelt und gefördert haben.

Wartburg-Stiftung
Nach dem Ende des Großherzogtums wurde die Wartburg 1922 in eine Stiftung des öffentlichen Rechts überführt. Seit der Neubildung 1991 wird die Stiftung vom Stiftungsrat geleitet, an seiner Spitze steht der thüringische Minister für Wissenschaft, Forschung und Kultur.

Welter, Michael (1808–1892)
Mit der Ausgestaltung des Wartburg-Festsaals im Stil des Historismus schuf der Kölner Maler sein bestes Werk. Welter studierte Architektur, das Studium finanzierte er mit Theatermalerei. Bekannt wurde er vor allem durch monumentale Wanddekorationen religiösen und profanen Inhalts. Von 1856–67 erfolgte nach Ritgens Konzeption und Welters Entwürfen die Ausgestaltung des Festsaales, der Elisabethkemenate, der Palaskapelle und der großherzoglichen Privaträume in der Neuen Kemenate. Die figuralen Malereien führte Welter selbst aus. Unverändert blieb bis heute lediglich der Festsaal. Die Arbeiten in der Elisabethkemenate mußten bereits zu Beginn unseres Jahrhunderts Glasmosaiken weichen, andere Malereien wurden in den 50er Jahren beseitigt.

Wettiner
Altes deutsches Herrschergeschlecht, benannt nach der Stammburg Wettin an der Saale (nordwestlich von Halle). Im thüringisch-hessischen Erbfolgekrieg erlangte der Wettiner Heinrich der Erlauchte von Meißen (1215/16–1288) das Land Thüringen. Die Wartburg ist seit 1264/65 wettinischer Besitz, bis zur Mitte des 14. Jhs. hielten sich die Landesherren vorwiegend auf der Wartburg auf. Danach verlegten sie ihr Zentrum nach Gotha und um 1400 nach Weimar.

Auf der Wartburg

Nach dem Rundgang durch den ersten und zweiten Burghof stellt sich die Frage: Palasführung oder nur ein Museumsbesuch?

Hoch oben thront die Wartburg auf ihrem Berg, 410 m über dem Meeresspiegel. Ganze 180 m ist die Bergkuppe lang, an der breitesten Stelle mißt sie 45 m. Im Osten und Westen fällt der Felsen fast senkrecht ab, steil ist er auch im Süden. So konnte nur im Norden eine Zufahrtsstraße angelegt werden. Burg und Berg erscheinen wie aus einem Guß, »eine organische Einheit. Die Burg empfing vom Berge ihre Grundgestalt und gab jenem sein Gesicht«, so der Burghauptmann von der Gabelentz vor rund 50 Jahren. Und teilweise verwandelte sich der Berg zur Burg: Viele Steine wurden am Berghang gebrochen und das Holz für die Balken und Bohlen ebenfalls dort geschlagen.

WEGE ZUR BURG

Von Eisenach führen mehrere Wege auf die Wartburg, der bequemste ist mit dem Auto von der B 19 auf der asphaltierten Wartburgallee bis zum Parkplatz Wartburgschleife. Ist dort kein Platz mehr frei, wird das an der Auffahrt angezeigt. Der Pkw muß dann auf einem der drei Parkplätze an der B 19 im Marienthal abgestellt werden. Von dort pendeln kleine Busse und »Wartburg-Taxis« hoch zur Burg. Oder Sie steigen in die von Mai bis Oktober vom Hauptbahnhof zur Burg verkehrende Stadtbuslinie. Mit Muße und Zeit ist der schönste Aufstieg zu Fuß: Vom Marienthal, an der Bushaltestelle Liliengrund beim Parkplatz 1, beginnt ein Waldweg durch den Liliengrund und führt auf einer Länge von 2,5 km zur Burg. Wer vom Marktplatz in Eisenach loswandert: Durch die Luther-, Mönch-, Dom- und Burgstraße zum Burgweg und Oberen Schloßberg und von dort zur Eselstation unterhalb der Burg. Auch diese Strecke mißt 2,5 km. Ein dritter Weg, 3 km lang, beginnt im Eisenacher Zentrum: Vom Karlplatz die Wartburgallee entlang bis zum Carl-Alexander-Denkmal, auf der anderen

Seit 1855 streiten diese Minnesänger, wer der Beste ist

MARCO POLO TIPS FÜR WARTBURG-BESICHTIGUNGEN

1 **Schanzenblick**
Eine der schönsten Wartburg-Ansichten mit Wehrgang, Neuer Kemenate, Bergfried und Palas (Seite 33)

2 **Südturm**
Phantastischer Rundblick auf den Thüringer Wald (Seite 36)

3 **Ritterbad**
Das letzte Bauwerk der Burgerneuerung (Seite 35)

4 **Palasführung**
Wer auf die Führung verzichtet, dem entgeht das Schönste auf der Wartburg (Seite 37)

5 **Dürerschrank**
Das fast 500 Jahre alte Prachtstück steht im vierten Museumsraum (Seite 47)

6 **Lutherstube**
Der Raum, wo Luther die Bibel übersetzte (Seite 49)

Straßenseite in den Reuterweg. Von hier führt (das Hinweisschild verkündet: 30 Min. bis zur Wartburg) ein schattiger Waldweg mit leichtem Anstieg ebenfalls zur Eselstation. Kinder und leichtgewichtige Erwachsene können sich in der warmen Jahreszeit von einem der Wartburgesel bis fast vor das Burgtor tragen lassen. Alle anderen müssen zu Fuß hochgehen, die verschiedenen Wege weisen Steigungen oder Treppen auf. Vom Parkplatz Wendeschleife bis zur Burg beträgt die Entfernung etwa 500 m.

VOR DER BURG

Geschichte atmet der von Wald umsäumte *Elisabethplan* Hier stand das Siechenhaus, das die hl. Elisabeth im Hungerjahr 1226 erbauen ließ, später das Franziskanerkloster »cella sanctae Elisabeth«. Hugo von Ritgen ließ Mitte des 19. Jhs. Mauerreste freilegen und den nach Elisabeth benannten *Brunnen* neu gestalten. Das 5 m hohe Kreuz steht seit November 1931, dem 700. Todestag der hl. Elisabeth. Anfang der vierziger Jahre entfernt, wurde es 1951 wiedererrichtet. Die 2 m hohe *Bronzestatue*, die das Rosenwunder darstellt, steht erst seit 1990 auf der Waldlichtung. Der Weg zum Elisabethplan: *Von der Eselstation 50 m auf dem Eselpfad laufen, dann links abbiegen und weitere 150 m gehen.*

An der großen Straßenkehre der Wartburgallee erhielt 1924 der *Lucas-Cranach-Gedenkstein* seinen Platz. Die Wartburg-Stiftung ließ ihn zum dreißigjährigen Dienstjubiläum von Oberburghauptmann Hans Lucas von Cranach setzen, einem Nachfahren der berühmten Malerfamilie.

Für welchen Aufstieg Sie sich auch entscheiden, vor der Zugbrücke, dem einzigen Zugang zur Burg, treffen sich alle Besucher. Dort steht ein steinernes *Wachtürmchen*, in dem allerdings nie ein Soldat Wache hielt. Von Ritgen ließ es 1866 auf dem Felsplateau erbauen – als Reminiszenz an das Bollwerk *Wehr am Tore*, das einst den Burgzugang schützte. ★ An dieser Stelle, *Schanze* genannt, haben Sie das bekannteste Wartburgbild vor Augen: den Blick von Nordosten auf Wehrgang, Neue Kemenate, Bergfried und Palas. Wer auf dem Plateau an den beiden Kanonenrohren vorbei zur Felsspitze geht, der genießt einen grandiosen Rundblick auf die Villen der Südstadt, das Burschenschaftsdenkmal und die unendliche Weite des Thüringer Waldes.

Die *Zugbrücke* existiert erst wieder seit 1863. Zuvor gab es (ab 1778) eine steinerne Brücke. Durch das Torhaus, den einzigen Zugang, wird die Burg betreten, immer zu Fuß. Für Autos, auch Limousinen von Staatsgästen, sind die Burghöfe tabu.

BURGRUNDGANG

Zu den Öffnungszeiten dürfen Sie, ohne Eintritt zahlen zu müssen, durch den ersten und zweiten Burghof spazieren und auch auf den Südturm steigen. Für die Besichtigung der Innenräume des Palas schließen Sie sich einer Führung an. Sonderführungen, auch zu speziellen Themen, werden nach vorheriger Anmeldung angeboten. Das Wartburgmuseum und die berühmte Lutherstube können im Anschluß an die Palasführung individuell besichtigt werden, aber auch separat.

Erster Burghof (Vorburg)

Am Morgen oder späten Nachmittag, wenn das Gros der Touristen noch oder schon wieder in den Hotelrestaurants sitzt, dann ist die rechte Stunde, den ersten Burghof zu genießen: Der gepflasterte, in Fels gehauene Weg führt an Fachwerkbauten vorbei, an denen sich das Grün nach oben windet. Blumen leuchten in Holzkästen, ein Brunnen plätschert und weiße Tauben flattern herum und gurren.

Wie heute sieht der Burghof seit dem 15. Jh. aus. Die schweren, hölzernen Flügel am *Torhaus* versperrten schon zu Luthers Zeiten nach Einbruch der Dunkelheit den Weg. Wie damals, so wird auch heute noch bei geschlossenem Tor durch die eingearbeitete schmale Tür gegangen, seit jeher »Nadelöhr« genannt. Torhaus und *Ritterhaus* sind seit mehr als vier Jahrhunderten eins. Heute hat in beiden Bauwerken die Wartburg-Stiftung Arbeitsräume. Unverändert erhalten blieb die prachtvolle, aber leider nicht öffentlich zugängliche Diele im Ritterhaus. Die Südwand der sich anschließenden *Vogtei* verschönert ein spätgotischer Erker, der Jahrhunderte in Nürnberg das Haus der Patrizierfamilie Harsdorf-Enderndorf schmückte. Dort war er das Chörlein, aber auch ein beliebter Beobachtungsort des Straßenlebens. Als das Haus am heutigen Hans-Sachs-Platz 1872 abgetragen wurde, kam der Erker auf die Wartburg.

Begrenzt wird der erste Burghof durch zwei geschlossene Wehrgänge (15. Jh.), an der östlichen Seite durch den *Elisabethgang*, im Westen durch den kürzeren *Margarethengang* mit einem *Brunnen* davor. Die folgenden Gebäude sind Neubauten aus dem vorigen Jahrhundert: Dirnitz, Torhalle und Neue Kemenate. Anregung für die *Dirnitz* (1866/67) holte sich Hugo von Ritgen vom Predigerkloster in Eisenach und anderen Dirnitzen auf mittelalterlichen Burgen. In der *Neuen Kemenate* (1853–60) wohnte die großherzogliche Familie während ihrer Wartburgbesuche. Bereits der Vorgängerbau, das Neue Haus genannt, diente seit der Herrschaft Friedrich des Gebissenen (14. Jh.) der Landgrafenfamilie als Wohngebäude.

Auch die Wartburg hat, wie wohl alle Burgen, zuweilen etwas Unheimliches an sich. In den Wehrgängen und zwischen trutzigen Mauern werden Morde, Plünderungen und Kanonendonner ganz lebendig. Die Phantasie beflügeln seit 1992 auch zwei auf nachgebauten Lafetten liegende *Kanonenrohre*, das eine vor dem Elisabethgang, das zweite im Kommandantengarten (im zweiten Burghof an der Westseite). Symbolträchtig sind die Kanonen für die Wartburg jedoch nicht, denn die Burg wurde in ihrer neunhundertjährigen Geschichte nie erobert oder zerstört.

Zweiter Burghof (Hauptburg)

Durch die *Torhalle* (1866/67) wird der zweite Burghof betreten. Für die romanische Toranlage nahm sich Hugo von Ritgen den Palas von Gelnhausen und die Burg Münzenberg zum Vorbild. Auf dem *Bergfried* (1853–59) kündet seit 1859 ein 3 m hohes, vergoldetes Kreuz weithin von der religiösen Bedeutung der Burg. Am 10. April 1938 ließ es der nationalsozialistische Kreisleiter durch ein mächtiges Hakenkreuz ersetzen. Der Protest war so stark, daß vier Tage später das Lutherkreuz wieder auf dem Bergfried zu sehen war. Im Dezember 1944 stiegen Arbeiter hoch und schweißten das Wahrzeichen der Wartburg ab, krachend fiel es in den Hof. Auf Weisung des Propagandaministeriums sollte die Falschmeldung verbreitet werden, daß ein englisches Flugzeug das Kreuz gerammt und vom Bergfried gerissen habe. Errichtet wurde er aus gelbem bis grauweißem Sandstein.

Schon Anfang 1946 empfing die Wartburg wieder Besucher und Ende August 1946 leuchtete das goldene Kreuz wieder von der höchsten Stelle der Burg.

Blickpunkt im zweiten Burghof bildet das Landgrafenhaus, der *Palas*, der mit seiner vollendeten Architektur den staufischen Kaiserpfalzen nicht nachsteht. Die Bauarbeiten begannen vermutlich 1157/58; drei bis zehn Jahre, so meinen Wissenschaftler heute, habe man für das Erd- und erste Obergeschoß gebraucht. Landgraf Ludwig III. schien aber keine guten Berater gehabt zu haben. Als zur Einweihungsfeier geladen werden sollte, stellte man fest, daß ein Festsaal vergessen wurde. Und so begannen nach einer kurzen Unterbrechung die Bauarbeiten erneut, der Festsaal wurde als zweites Obergeschoß aufgesetzt. Der kleine Balkon an der Südwand des Palas und der steinerne Löwe auf dem First stammen von der Wartburgerneuerung im vorigen Jahrhundert. Die vorgelegte Freitreppe an der Westseite, an die sich ältere Wartburgbesucher noch erinnern dürften, war ebenfalls eine Zutat des 19. Jhs. Sie hatte ausgedient und wurde beseitigt, als der zinnenbesetzte Zwischenbau, der seit der Burgerneuerung Bergfried und Palas verband, zum *Treppenhaus* umgestaltet wurde. Über dieses gelangten erstmals 1954 Besucher in das dritte Palasstockwerk.

★ An die Südwand des Palas hat Hugo von Ritgen das letzte Bauwerk angefügt: Das *Ritterbad* (1890 fertiggestellt), in das Sie durch eine Glasscheibe schauen können. Der Architekt persönlich konnte kein erfrischendes Bad mehr darin nehmen, er starb ein Jahr zuvor 1889. Genau 100 Jahre später wurde nach seinen Plänen der Raum mit Textilien geschmückt. Ritgen hatte einen Wandteppich vorgesehen, der den Sprung des Wartburggründers in die Saale zeigen sollte: Seit 1990 gibt es diesen Teppich nach einem Entwurf des Leipziger Malers Wolfgang Peuker, gefertigt von der Textilmanufaktur in Halle. Die Ritterbäder waren auf den Burgen Europas im Mittelal-

Zum Wohnen und Repräsentieren diente der Palas den Landgrafen

ter in Mode gekommen, dem die Kreuzritter hatten sie im Orient kennengelernt. Auch die Wartburg, das geht aus alten Bauakten hervor, bekam damals ein Bad.

Dem Palas gegenüber steht ein schlichter Fachwerkbau, das Gästehaus, *Gadem* genannt. Es ging aus dem 1510 erstmals genannten Marstall hervor, der später als Zeughaus diente. 1813 zog in den Neubau die Brauerei. Kurios, aber wahr. Kurios deshalb, weil das wichtigste für die Bierherstellung auf der Burg fehlte, nämlich das Wasser. Esel mußten es bis vor rund hundert Jahren aus dem Tal heraufschleppen. Das schlechteste scheint das Wartburg-Bier aber nicht gewesen zu sein: Die hauseigene Brauerei wird 1508 das erste Mal erwähnt, erst Mitte des 19. Jhs. war Schluß mit dem Bierbrauen. Das seit 1965 im Gadem etablierte Burgcafé wird heute ebenso gern besucht wie vor zweihundert Jahren die Schankstube im Ritterhaus.

Eine zinnenbekrönte *Ringmauer*, im 19. Jh. rekonstruiert, schließt den zweiten Burghof nach Süden ab. Um diese Seite besser verteidigen zu können, erhielt sie vermutlich im 13. Jh. einen Turm. ★ Dieser 20 m hohe *Südturm*, auch Pulverturm genannt, hat im unteren Teil 2,30 m starke Mauern. Durch das sog. Angstloch, eine viereckige Öffnung im Fußboden, wurden die Gefangenen an Strickleitern in das finstere Turmverlies hinabgelassen. Auch der Anhänger der Täuferbewegung Fritz Erbe. Der begüterte Bauer aus der Gemeinde Herda war von 1540 bis zu seinem Tod 1548 im Südturm

Kleines Burgen-Lexikon

Arkade – Bogenstellung über Säulen oder Pfeilern
Bergfried – Hauptturm einer Burg, Beobachtungsstand und letzte Zufluchtsstätte bei Belagerungen
Dirnitz – heizbarer Teil einer Burg
Gadem – Gästehaus
Harnisch – Körperschutz aus miteinander durch Riemen und Nieten verbundenen Eisenplatten
Kapitell – oberer Abschluß von Säulen, Pfeilern mit Dekoration also mit Dekorationen versehene Bindeglieder zwischen Stütze und Last
Kemenate – heizbarer Wohnraum in einer mittelalterlichen Burg
Palas – das Haupt- und Repräsentationsgebäude mittelalterlicher Burgen. Der Name geht, wie auch Palast, Pfalz u. a., auf den Berg Palatin in Rom zurück, den Sitz der Kaiser in der Antike
Pavese – Schild des mittelalterlichen Fußkämpfers
Ritter – im frühen Mittelalter Krieger zu Pferde. Im 12. und 13. Jh. war das Rittertum Inbegriff adeligen Lebens. Im Spätmittelalter versuchten die Ritter ihren sozialen Status durch Raub und Erpressung (Raubritter) zu erhalten.

Gefangener. Erbes Vergehen: Er hatte die Taufe für sein Kind verweigert, ferner nahm er eine verfolgte Täuferin trotz Verbots in sein Haus auf.

Fast 300 Jahre später entdeckte man seinen Namen, eingeritzt in die Mauerwand, 2,40 m über dem Felsboden. Die überdachte hölzerne Außentreppe erhielt der Turm erst zur Goethezeit, bis dahin war er nur über Leitern zugänglich. Der Aufstieg lohnt, denn der Blick ist herrlich. Am Fuß des Südturms pflegt man seit 1994 wieder das *Burggärtlein* mit Kastenbeeten und Rasenbänken, wie einst im Mittelalter blühen hier Minze, Thymian, Knoblauch und Rosenstöcke. In der *Zisterne* zwischen Südturm und Palas sammelte sich Jahrhunderte das Regenwasser, von den Dächern floß es über lange Holzrinnen in das etwa acht Meter tiefe Auffangbecken. Bereits 1456 ist es erstmals in den Annalen erwähnt. Versäumen sollten Sie nicht, im oberen Teil des Burghofes an die Westmauer zu treten: Genießen Sie den schönen weiten Blick!

PALASFÜHRUNG

★ *Eintrittskarten werden im ersten Burghof in der Dirnitz verkauft. Der Zutritt für angemeldete Gruppen befindet sich am Nordende des Palas (unterhalb des neuen Treppenhauses). Führungen (Dauer 45 bis 50 Min.) sind in 16 Sprachen per Kasettenrekorder möglich. Einzelbesucher müssen vor dem Rundbogenportal gegenüber der Zisterne auf die Führung warten. In Spitzenzeiten geht alle 10 bis 15 Min. eine Gruppe los, länger als 30 Min. muß man auch in den besucherreichen Monaten nicht warten.*

Sockelgeschoß

Hier beginnen die Führungen für Einzelbesucher. Gezeigt werden Zeugnisse der Ludowingerzeit, darunter Kopien der *Grabplatten* von Ludwig dem Springer und Ludwig dem Eisernen sowie eine kleine Auswahl von originalen Wartburg-*Kapitellen*. Die beiden Räume hatten ab 1552 als Stall für etwa 20 Pferde gedient. Das breite Rundbogenportal stammt vom sächsischen Baumeister Nickel Gromann. *Über eine schmale Treppe mit 20 Stufen gelangen Sie in das Erdgeschoß.*

Rittersaal

Der schlichte Raum, im 19. Jh. als Hofküche genutzt, dürfte das Männergemach gewesen sein, von wo aus die Ritter schnell die Verteidigungsanlagen und Pferdeställe erreichen konnten. An der Wand hängen drei *Ritterschilde*, aus Holz, mit Leder bespannt und etwa 15 kg schwer.

Anhand alter Vorlagen wurde der mächtige *Kamin* rekonstruiert und der Fußboden freigelegt. Dadurch bekam der quadratische Rittersaal wieder weitgehend sein mittelalterliches Aussehen. Von der gedrungenen *Mittelsäule*, die noch aus der Erbauungszeit stammt, verlaufen breite Gewölbegurte zu den Wänden. Die Konsolsteine sind original und 800 Jahre alt, das sandsteinerne Adlerkapitell hingegen mußte im 19. Jh. erneuert werden. Auch die Fensterscheiben stammen nicht aus der Erbauungszeit, denn zur Zeit der Landgrafen hängte man in der kalten Jahreszeit auf Holzrahmen gespannte, gegerbte Tierhäute in die Öffnungen. Stark rußende Öllampen und Fackeln beleuchteten die Räume.

Im Rittersaal sind die beiden ältesten auf der Wartburg vorhandenen Möbelstücke zu sehen: zwei *Einbaumtruhen* aus dem 14./15. Jh. Wie der Name sagt, wurde jede dieser Truhen aus einem Eichenstamm gehauen, ausgehöhlt und mit Deckel sowie groben Eisenbändern versehen. Sie waren die Kleiderschränke von damals, auch wichtige Gegenstände wurden in ihnen aufbewahrt.

Auf dem Weg vom Rittersaal zum Speisesaal kommen Sie an einer steinernen Innentreppe vorbei, die ins Obergeschoß führt. Die tonnenüberwölbte Treppe, eine Besonderheit der Wartburg, widerspricht mit ihrer Breite von 130 cm den Regeln der mittelalterlichen Wehrarchitektur, die äußerst schmale Treppen vorsah, damit sie im Verteidigungsfall nur einer Person Platz boten.

Speisesaal

Im Mittelalter wurde vermutlich in diesem Raum getafelt. Die zentrale Lage des Raumes im Erdgeschoß läßt darauf schließen. Die Küche wird außerhalb des Palas gewesen sein, so daß die Speisen im schmalen *Kamin* warmgehalten werden mußten. Bis auf den Rauchfang ist der Kamin bis heute erhalten. Der glatte Flächenputz, die weißgetönten Wände und die mit kräftigem Rot und Schwarz-Weiß-Fugen getönten Tür- und Fensterleibungen verleihen dem Raum eine gewisse Eleganz. Die beiden romanischen *Rundbogenfenster* wurden im vorigen Jahrhundert wieder eingebaut. Die flache *Eichenbalkendecke* ist original, die benötigten Bäume wurden im Jahr 1158 gefällt! Trotz ihres Alters von über 800 Jahren wird die

Kühl und streng wirkt der schmucklose Rittersaal…

Wer mehr wissen möchte

Mit zahlreichen populärwissenschaftlichen Publikationen, meist von Wissenschaftlern der Wartburg-Stiftung geschrieben, können Sie ihren Wissensdurst stillen; erhältlich im Wartburg-Informationszentrum in Eisenach und auf der Wartburg:

Rosemarie Domagalla: *Die Rüstkammer der Wartburg; Morgenimbisz an der lantgraven hove – Gastlichkeit auf der Wartburg*
Günther Hoppe: *Elisabeth, Landgräfin von Thüringen*
Karl Köthe: *Martin Luther und die Lutherstätten in und um Eisenach*
Jutta Krauß: *Die Wiederherstellung der Wartburg im 19. Jh.*
Jutta Krauß: *Wartburg. Porträt einer Tausendjährigen*
Petra Schall: *Eselei – die Wartburgesel und ihre Geschichte*
Hilmar Schwarz: *Die Legende vom Tintenfleck. Die Lutherstube auf der Wartburg*
Hilmar Schwarz: *Die Ludowinger – Aufstieg und Fall des ersten thüringischen Landgrafengeschlechts*
Hilmar Schwarz: *Die Wettiner des Mittelalters und ihre Bedeutung für Thüringen*

Decke aber niemand auf den Kopf fallen, dafür sorgt u.a. die *Mittelsäule* mit dem Adlerkapitell aus dem 12. Jh. Die Säule stammt allerdings nicht von der Wartburg, sondern wurde vom Eisenacher Residenzhaus 1846 hierher gebracht.

Harmonisch fügen sich die Kunstwerke in den Raum ein. Den *Bildteppich* mit Tieren und Fabelwesen, im 15. Jh. in Süddeutschland gewirkt, kaufte Burghauptmann Bernhard von Arnswald 1868 in Würzburg. Die Tiere symbolisieren mittelalterliche höfische Tugenden wie Macht, Tapferkeit, Schnelligkeit, Keuschheit. Der *Tierkreisteppich*, eine niederdeutsche Wollstickerei, wurde Ende des 14. Jhs. angefertigt. Der Märchensammler Ludwig Bechstein entdeckte den Teppich in einer türingischen Dorfkirche. Die gebotenen 100 Taler waren dem Künstler aber zu wenig und Bechstein mußte zu den Münzen noch eine Altardecke dazulegen. Der *Sakristeischrank* aus Kiefer mit Schablonenmalerei (um 1480) stammt aus der Stadtkirche in Jena, die *Truhe* aus Nußbaum mit Maßwerkschnitzerei (15. Jh.) wurde in Frankreich gefertigt. Die *Stollentruhe* aus Eichenholz mit Eisenbeschlägen (um 1530) ist eine westfälische Arbeit.

Über zwei Stufen geht es in den nächsten Raum, der in seinen Ausmaßen als auch seiner architektonischen Gestaltung mit der Mittelsäule und den Kreuzgewölben völlig dem ehemaligen nördlichen Rittersaal entspricht. Anfang unseres Jahrhunderts bekam der Raum den Namen Elisabethenkemenate und ein völlig anderes Aussehen.

Elisabethkemenate

Das war ein Puzzlespiel: Rund eine Million farbige Glassteine, zum Teil mit Blattgold und Perlmutt belegt, wurden 1902-06 zu

... im Gegensatz zur glitzernden Elisabethkemenate

einem prunkvollen *Mosaik* im byzantinischen Stil zusammengefügt. Als Vorbild dienten die Mosaike im italienischen Ravenna. Die kunsthandwerklich bemerkenswerte Arbeit war ein Geschenk Kaiser Wilhelms II. an die großherzogliche Familie in Weimar. Der Beschenkte, Großherzog Carl Alexander, konnte sich am Mosaik jedoch nicht mehr erfreuen, er starb vor der Fertigstellung. Der Entwurf stammt von August Oetken, der Szenen aus dem Leben der hl. Elisabeth wählte. So zeigt ein Bild Elisabeth im Alter von vier Jahren zwischen den Eltern. Gesandte des Landgrafen von Thüringen waren nach Ungarn gekommen, mit Geschenken warben sie um das Kind. Erfolgreich, wie die Geschichte belegt.

Im 16. Jh. wurde der Raum als »Frauenstube« bezeichnet, im 17. Jh. taucht in einem Inventarverzeichnis der Name »Fräulein Elisabeth Camin-Stuben« auf. Das einzige Mittelalterliche in dem Raum ist die *Mittelsäule* mit dem hervorragend gearbeiteten Adlerkapitell (um 1200).

Arkadengang

Vor 800 Jahren verstanden es die niederrheinischen Steinmetzen, dem Sandstein seine irdische Schwere zu nehmen: Die Kapitelle der Säulen im unteren Arkadengang, der Sie ins erste Obergeschoß führt, sind kleine Kunstwerke, Glanzstücke deutscher Romanik. Original erhalten blieb jedoch nur das südlichste Kapitell. Alle anderen wurden 1975/76 ersetzt. *Über eine schmale Wendeltreppe wird das erste Obergeschoß erreicht.*

Burgkapelle

Ein Brand zerstörte Anfang des 14. Jhs. die Kapelle im Hof der Burg. Friedrich der Freidige war vermutlich knapp bei Kasse, denn er beschloß, keine neue zu bauen, sondern sie im Palas einzufügen. Dazu ließ er um 1320 ein Drittel vom Sängersaal durch eine Wand abtrennen, an der noch Reste der Ausmalung erhalten sind, die vermutlich die sechs Apostel zeigte. Aus der Zeit der Romanik stammen *Taufbecken* und *Kruzifix*. Das *Worpsweder Gestühl* ist aus den 50er Jahren, die *Jehmlich-Orgel* von 1983.

Die Kapelle wird heute noch benutzt. Vom 4. Mai, dem Ankunftstag Luthers auf der Wartburg, bis zum Reformationstag am 31. Oktober finden meist vierzehntäglich Gottesdienste statt. Seit dem 19. November 1967, dem Beerdigungstag der hl. Elisabeth, wird jährlich eine katholische Messe zelebriert.

Elisabethgalerie

Seit 1855 zieren die Fresken Moritz von Schwinds diesen Arkadengang im ersten Obergeschoß. Er malte Episoden aus dem Leben und Legendenschatz der hl. Elisabeth. Das erste Fresko berichtet von der Ankunft (1211) der vierjährigen ungarischen Königstochter auf der Wartburg, das folgende erzählt die Legende vom Rosenwunder. Das dritte zeigt den Abschied Elisabeths von ihrem Gemahl Ludwig IV., der in den Kreuzzug zog und nicht zurückkehrte. Geschichtlich jedoch ungenau war Moritz von Schwind, als er Elisabeth mit vier Kindern zeigte, sie tatsächlich aber nur drei geboren hatte. Vermutlich vertraute Schwind der damals populären Lebensbeschreibung des Grafen von Montalembert (1810–70), in der der Franzose vier Kinder erwähnte. Die beiden letzten Fresken schildern Elisabeths Tod (1231) und die Grablegung zu Marburg (1236) im Beisein des Kaisers. Zwischen den Fresken malte Schwind sieben Medaillons, die *Sieben Werke der Barmherzigkeit:* die Hungrigen speisen, die Durstigen tränken, die Nackten bekleiden, die Heimatlosen beherbergen, die Gefangenen trösten, die Kranken pflegen, die Toten begraben.

Moritz von Schwind war überzeugt, auf der Wartburg Bilder für die Ewigkeit zu schaffen – so in einem Brief 1853 an Burghauptmann Bernhard von Arnswald –, doch die Kunstwerke nahmen schnell Schaden, vor allem durch Feuchtigkeit. Bereits 1858 mußte die arg ramponierte Sockeldekoration durch eine Holzverkleidung ersetzt werden. 1877 gab der als Kunstkenner bekannte Graf von Schack den Schwindschen Fresken nur noch wenige Jahrzehnte. Seitdem bemühen sich Künstler, Wissenschaftler und Verantwortliche, die Kunstwerke vor dem Verfall zu retten.

Sängersaal

Der Thüringer Hof entwickelte sich Ende des 12., Anfang des 13. Jhs. zur Pflegestätte höfisch-ritterlicher Kultur. Hermann I. holte die besten Minnesänger an seinen Hof, Kunstmäzen würde man ihn heute nennen.

Moritz von Schwind bannte den legendären Sängerkrieg 1206/07 auf ein großflächiges *Wandbild*, das dem Raum seinen Namen gab. Am 2,5 m mal 5 m großen Fresko malte Schwind von Mai bis September 1855. Die Sage erzählt von sechs Minnesängern im Wettstreit. Alle priesen Landgraf Hermann I. und sein Land, nur einer, Heinrich von Ofterdingen, ließ alle Taktik beiseite. Er lobte den Wiener Hof – und unterlag. Landgräfin Sophie aber hatte Erbarmen mit Heinrich, so daß er nicht dem Henker übergeben wurde. Meister Klingsor, Sänger und Magier aus Ungarn, sollte in Jahresfrist den Streit schlichten. Schwind vereinte nun auf seinem raumbeherrschenden Fresko diese beiden Ereignisse. Einigen der Figuren gab er porträthafte Züge von Persönlichkeiten der Zeitgeschichte: Der Adelsherr, der rechts im Bild mit ausgestrecktem Arm auf die Landgräfin zeigt, ähnelt Großherzog Carl Alexander, das schildhaltende Kind an seiner Seite stellt Erbgroßherzog Carl August dar. Die Landgräfin Sophie bekam das Aussehen der Herzogswitwe zur Goethezeit, Anna Amalia, der Mann im grünen Hut soll Hugo von Ritgen sein.

Die *Sängerlaube* (1852) an der Nordwand gleicht einer Bühne, wie man sie sich für die Darbietungen von Minnesängern vorstellte. Die mittelhochdeutschen Texte sind der Großen Heidelberger Liederhandschrift entnommen. Schrank, Sitzbank und Lampen in diesem Raum hat Hugo von Ritgen entworfen.

Über drei Stufen wird der nördliche Raum des ersten Obergeschosses erreicht, dessen Eingangstür der Thüringer Löwe schmückt. die erhöhte Lage sollte die Besucher ermahnen, ja nicht zu vergessen, daß der Landgraf über ihnen steht.

Landgrafenzimmer

In einer Baurechnung von 1550 wird der Raum schlicht als »fürstliche Kammer ungewölbt« bezeichnet. Kammer hin oder her, hier baten die Landgrafen jedenfalls zur Audienz, hier sprachen sie Recht. Doch zu Ruhm gelangte der Raum durch den romantischen *Bilderfries*, in dem Moritz von Schwind sieben Thüringer Sagen in Szene setzte. Der dicht unter der Decke entlanglaufende Fries (je etwa 1 m mal 2,5 m), beginnt mit der Gründung der Wartburg durch Ludwig dem Springer, dann folgte die Sage vom Schmied von Ruhla. Sie wurde zur bekanntesten Thüringens, nachdem sie die Brüder Grimm in ihre »Deutschen Sagen« aufnahmen: Landgraf Ludwig II., der Enkel von Ludwig dem Springer, galt als lascher Herrscher, den seine Vasallen »vor eyn Toren hylten«. Auf einer Jagd verirrte sich der Landgraf und fand ein Nachtlager inkognito bei einem Eisenschmied im Ruhlatal, ohne seine Herkunft zu offenbaren. Der Schmied jedoch, der seinen Landesherren erkannt hatte, ließ unaufhörlich den schweren Hammer niedersausen und rief dabei »Landgraf, werde hart, hart wie dieses Eisen.« In dieser Nacht soll sich Ludwig II. völlig verändert haben, er wurde zum »Eisernen«. Die beiden folgenden Bilder zeigen die Sage von der lebendigen Mauer um die Neuenburg, die Kaiser Barbarossa von der Uneinnehmbarkeit der Burg überzeugte, und die Episode, wie Ludwig IV. einen auf der Wartburg ausgebrochenen Löwen bändigte, der vor ihm sogar einen Hofknicks ausführt. Den Strafzug Ludwig IV. gegen Würzburg thematisiert das nächste Bild: Der Landgraf zog mit seinen Mannen in die Stadt, weil dort einem Eisenacher Krämer der Esel geraubt worden war.

Das Fresko an der Nordwand erzählt aus dem Leben von Albrecht des Entarteten, des zweiten Thüringer Landgrafen wettinischer Herkunft. Ein Festmahl zeigt ihn 1270 beim Tafeln mit seiner Gemahlin Margarethe, als Kunigunde von Eisenberg den Raum betritt, des Landgrafen neuer Schwarm. Wie diese Begegnung endet, verschweigt das Bild, doch ist es kurz erzählt: Ehefrau Margarethe, die aus Vernunftsgründen mit dem vierzehnjährigen Albrecht getraut worden war, ist diesem und Kunigunde im Wege und soll ermordet werden. So flieht sie von der Wartburg, der Landgraf heiratet Kunigunde und Margarethe stirbt wenige Monate später in Frankfurt/Main. Wissenschaftler fanden nach zusätzlichen Recherchen heraus, daß sich der verheiratete Albrecht und Kunigunde schon vor dem erwähnten Festmahl zugetan waren, was ein vor 1270 geborener unehelicher Sohn beweisen soll. Nach Kunigundes Tod heiratet Albrecht zum dritten Mal, diesmal aber wohl nicht aus Leidenschaft, sondern um seine ständigen Geldsorgen loszuwerden. Seine neue Gemahlin Elisabeth von Arnshaugk brachte Ländereien und einige Städte mit in die Ehe. – Das letzte Fresko in dem Raum zeigt den Taufritt Friedrichs des Freidigen nach Tenneberg.

Den Raum ziert die schönste noch originale *Mittelsäule* der Burg, deren schlanker Schaft aus einem einzigen Stein gehauen wurde. Das Kapitell schmücken herabgreifende Adler, an der Basis hocken vier Löwen. Der Löwe, das Zeichen für Macht und Stärke, war das Wappentier der Ludowinger. Für die beiden *Schränke* und die drei *Stühle* in dem Raum, die dem 12. Jh. entsprechen sollen, lieferte von Ritgen die Entwürfe (1854). Der *Kamin* in der rechten Ecke stammt aus dem vorigen Jahrhundert.

Kopfüber stürzen vier Adler in das Landgrafenzimmer

Über das neue moderne Treppenhaus von 1954 wird das zweite Obergeschoß erreicht.

Festsaal

Ein beeindrucktes Raunen geht meist durch die Besuchergruppen, wenn sie den großzügigen Saal im zweiten Obergeschoß betreten. Üppig ist die malerische und plastische Dekoration, so, wie man sich halt im 19. Jh. einen mittelalterlichen Fest- und Bankettsaal vorstellte. Der Maler Michael Welter und der Bildhauer Konrad Knoll ließen hier ihrer Phantasie freien Lauf, sie erfanden Ornamente, Tiere und Fabelwesen in unvorstellbarer

Vielfalt. Inhalt ihrer Kunstwerke ist der Siegeszug des Christentums über den heidnischen Aberglauben. Überlebensgroß schauen von der Nord- und der Südwand diejenigen Adligen herab, die die Geschicke und Geschichte der Wartburg beeinflußten: Im Süden Ludwig der Bärtige und Ludwig der Springer neben Kaiser Karl dem Großen (747–814), den die Ludowinger als ihren Vorfahren ansahen, im Norden Landgraf Hermann I. zwischen Ludwig IV. und der hl. Elisabeth. Die sechs Bildteppiche an der Seite zum Arkadengang stehen für den Fleiß Eisenacher Frauen – im wahrsten Sinne des Wortes, ihr Verein nannte sich »Frauenfleiß«, die Teppiche waren ein Geschenk an den Großherzog. Über dem Mittelkamin hängt eine Burschenschaftsfahne von 1817.

Der Festsaal wird auch heute noch genutzt, Höhepunkte sind die Rundfunkkonzerte, bei denen Künstler aus nah und fern die Akustik des Raumes rühmen und das nicht erst seit unseren Tagen. Der Komponist Franz Liszt, Hofkapellmeister in Weimar, war als erster begeistert. Er dirigierte in diesem Raum zur 800. Jahrfeier der Wartburg (1867) sein Oratorium »Die Legende von der hl. Elisabeth«. Zwei Jahre zuvor hatte er die Komposition in Budapest uraufgeführt. Um die Akustik im Festsaal zu verbessern, hatte Liszt Umbauten verlangt. Aus mehreren Entwürfen wählte er den, der eine trapezförmige Kassettendecke vorsah. Diese Decke, von 16 starken Bindern getragen, wurde eingebaut und der Musikgenuß vollkommen. Am Pult mit der Adlerdarstellung (um 1860) stand Liszt als erster und man wünscht sich (aber wirklich nur in diesem Fall), alle großen Musiker, die von diesem Pult aus dirigierten, hätten ihre Namen eingeritzt.

WARTBURGMUSEUM

Teilnehmer der Palasführungen werden bis zum ersten Museumsraum begleitet, wer nur das Museum besuchen möchte: Die Eintrittskarten gibt es ebenfalls an der Kasse in der Dirnitz, der Museumseingang befindet sich im zweiten Burghof neben dem Bergfried, der Einlaß erfolgt alle 15 Min.

Die Wartburg-Stiftung besitzt reiche Kunstsammlungen, die schönsten und wertvollsten Stücke daraus sind in der Dauerausstellung zu sehen. Da diese ab und zu verändert wird, können sich die nachfolgenden Exponate an anderer Stelle befinden oder vorübergehend sogar ganz fehlen.

Erster Raum

In der Neuen Kemenate befanden sich die privaten Wohn- und Arbeitsräume der großherzoglichen Familie. Sie wurden jedoch in den 50er Jahren leergeräumt und geblieben ist ein historisches Bild (um 1865) vom einstigen Arbeitszimmer des Burgherrn. Das Mobiliar hinter Glas, aus dem vorigen Jahrhundert stammend, soll das großherzogliche Wohnmilieu veranschaulichen.

Zweiter Raum

Wie würde die Wartburg aussehen, hätte nicht Hugo von Ritgen den Auftrag für ihre Wiederherstellung erhalten? In diesem Raum sind mehrere Vorschläge ausgestellt, die vor rund eineinhalb Jahrhunderten die Gemüter bewegten. Der erste Entwurf (1839) stammt vom Weimarer Maler Carl Alexander Simon. Nach ihm unterbreitete Ferdinand von Quast seine Vorstellung (1846). Überzeugen konnte schließlich der Gießener Universitätsprofessor Hugo von Ritgen, der es glänzend verstand, Historisches mit Neuem zu verbinden und zu gestalten.

Dritter Raum

Hier ist das Mittelalter mit seinen vielfältigen Kunstwerken präsent. Im vorderen Teil hängt neben dem gotischen *Kirchenstuhl* auf der rechten Seite der *Elisabethteppich* (Wolle und Leinen); der 110 cm mal 313 cm große Teppich wurde in Basel von 1480–90 hergestellt und hängt heute hinter Glas. Die Bildmotive sind Szenen aus den letzten vier Lebensjahren der hl. Elisabeth, also aus ihrer Marburger Zeit. Gotische Spruchbänder erläutern die Bilder. Neben dem Wandbehang kann das *Ölgemälde »Die hl. Elisabeth zwischen zwei Aposteln«* (um 1530) bewundert werden. Bartholomäus Bruyn hat Elisabeth in der Tracht des Franziskanerordens gemalt, drei Kronen symbolisieren entweder ihre Lebenssituation (Jungfrau, Gemahlin, Witwe) oder ihre gesellschaftlichen Positionen (ungarische Königstochter, Landgräfin, Heilige). Links von Elisabeth steht der Apostel Philippus mit dem Kreuzstab, rechts Jakobus d. Ä., Schutzpatron der Pilger. Die an der Wand angebrachte *Halbfigur der hl. Elisabeth* (Terrakotta, nach 1500) ist ein Fassungsrest aus Weinheim, der nach 1945 durch Ankauf auf die Burg kam. In der Vitrine davor liegt das *Gebetbuch der hl. Elisabeth* (letztes Drittel 13. Jh.), das heute wohl kaum zu bezahlen wäre. Die Handschrift mit 113 Pergamentseiten stammt aus dem Kloster Altenberg bei Wetzlar, dem Elisabeths jüngere Tochter Gertrud vorstand. Hugo von Ritgen konnte das Gebetbuch 1886 für den Großherzog erwerben. In der folgenden Vitrine wird das älteste Stück der nahezu 300 Objekte umfassenden Textilsammlung gezeigt: ein *Halbseidengewebe aus Regensburg* mit der Darstellung der Geburt Christi (Ende 13. Jh.). Das Gewebestück gelangte 1897 von der Kirche Veitsberg an der Elster in die Sammlung.

Zu den bedeutendsten Kunstgegenständen auf der Wartburg gehören die sechs *Heiligenfigürchen* aus vergoldetem Silber (um 1425) und ein *Reisealtar* aus Elfenbein (Frankreich, um 1300). Szenen aus dem höfischen Leben sowie flandrische und französische Wappen schmücken den gotischen *Dokumentenkasten* (niederrheinisch, um 1400), der vermutlich einer ritterlichen Vereinigung als Lade diente. Zu den frühesten Kostbarkeiten zählt ein *Reliquienkästchen* (13. Jh.), das zur Blütezeit der Kupferschmelzkunst von Limoges in Frankreich entstand. Die Vorderseite der emaillierten Kupferarbeit zeigt die Enthauptung des später heiliggesprochenen Erzbischofs von Canterbury, Thomas Becket, im Jahre 1170. Links neben dem Ausgang zum 4. Raum hängt das Kreuz einer *Kasel*, das liturgische Obergewand eines Priesters (Seiden- und Brokatstickerei; um 1450), rechts gegenüber steht ein mit gotischen Ornamenten verzierter *Sakristeischrank* aus Jena (15. Jh.)

Vierter Raum

Zu sehen sind Exponate aus dem ausgehenden Mittelalter und der Reformation. Aus der Cranach-Werkstatt stammt das *Kurfürsten-triptychon* (1566), bestehend aus den Porträts der drei zu Lebzeiten Luthers regierenden sächsischen Kurfürsten: Johann der Beständige (1468–1532), Fried-

Mehr Kunstobjekt als praktisches Möbel: Dürerschrank im Wartburgmuseum

rich der Weise (1463–1525), (1463–1525), Johann Friedrich der Großmütige (1503–1554). Vom Kurfürstentriptychon sind mehrere Fassungen bekannt, die der Wartburg-Stiftung gilt als die bedeutendste. Ebenfalls von Cranach d.Ä. sind die *Porträts* Margarete Luther und Hans Luther, die Eltern des Reformators. Beide besuchten ihren Sohn 1527 in Wittenberg, vermutlich saßen sie Lucas Cranach bei diesem Besuch Modell und wurden gemalt wie sie waren: als zwei einfache arbeitende Menschen aus dem Volk. Von Cranach stammen auch die als *Hochzeitsbilder* bezeichneten Porträts von Martin und Katharina Luther, geb. von Bora (1526). Rechts an der Tür dieses Raumes, die zum Schweizer Zimmer führt, hängen zwei weitere Schätze aus der Cranach-Sammlung: das Ölgemälde *Junge Mutter mit Kind* (um 1520) und *Madonna mit der Weintraube* (2. Drittel 16. Jh.), eine der späten Arbeiten des Meisters.

Ein Kleinod aus der etwa 700 Objekte umfassenden *Bestecksammlung* ist das *Weidbesteck* Friedrichs des Weisen. Es besteht aus einer Plötze, drei Messern und einer Gabel (1. Hälfte 16. Jh.). Die Griffe aller Teile, die in die Schneide der Plötze passen, sind mit Hirschhorn belegt. Die Bestecksammlung der Wartburg wird als die älteste in Europa angesehen, sie umfaßt vor allem Stücke vom 16. bis zum 18. Jh. Zwei besonders wertvolle Musikinstrumente aus dem 15. Jh. sind ebenfalls ausgestellt. Auf der gotischen *Harfe* mit Certosa-Mosaik, so glaubte man lange Zeit, habe der Minnesänger Oswald von Wolkenstein gespielt. Denn mit dem eingelegten Wort »WANN« hatte dieser viele seiner Lieder eingeleitet. Er kann sie aber nicht in den Händen gehabt haben, denn der Minnesänger starb 1440, die Harfe entstand aber erst 1450. Die daneben stehende *Mandora* (um 1450), ein Lauteninstrument mit prächtigen spätgotischen Schnitzereien, wurde 1860 aus dem Nachlaß des Märchensammlers Ludwig Bechstein angekauft. Der Körper des zehnsaitigen Musikinstrumentes ist aus einem Stück Ahorn ausgehöhlt und im Innern signiert: »Hans Oth, Nuremberg«, der zwischen 1434 und 1463 lebte.

★ Raumbeherrschend ist eins der schönsten Möbelstücke, das aus der Übergangszeit von der Spätgotik zur frühen Renaissance stammt: der große *Dürerschrank*. Das Meisterwerk, zwischen 1510–15 vermutlich in Nürnberg gefertigt, gehört zu den Juwelen der Wartburg-Sammlung. Seinen Namen erhielt der Schrank von den figürlichen Reliefschnitzereien, für die als Vorlage die Kupferstiche Albrecht Dürers, ein Holzschnitt von Lucas Cranach d. Ä. und Bronzeplaketten des italienischen Goldschmiedes Moderno dienten. Links neben dem Dürerschrank steht einsam ein Relikt der Wartburg-Rüstkammer, die seit 1946 verschollen ist: Den schlanken *Harnisch* aus Eisen mit reicher Ätzmalerei fertigte um 1600 ein Meister seines Fachs, der Augsburger Anton Pfeffenhauser. Wie durch ein Wunder blieb diese Rüstung in Eisenach: Ein sowjetischer Offizier stellte sie 1946 einer Eisenacher Familie ins Wohnzimmer – als Entschädigung für verschleppte Möbel.

Zu den hervorragenden kunsthandwerklichen Arbeiten des 16. Jhs. zählt ein wunderschönes, etwa 50 cm hohes *Schmuckschränkchen* (1575) von Wenzel Jamnitzer, dem bedeutendsten Meister der Nürnberger Goldschmiedekunst. Hinter den Türen der Vorderseite, mit durchbrochenem und vergoldetem Blech belegt, verbergen sich zehn Schubfächer und eine weitere Tür. Sie können durch raffiniert versteckte Verschlüsse gesichert werden. Zu sehen ist in diesem Raum u.a. noch Martin Luthers vergoldeter *Reiselöffel* (um 1525). Der Reformator schenkte ihn seinem Freund und Berater im Hebräischen, dem Humanisten Johannes Caspar Aquila. Der sog. *Trauring* der Katharina von Bora wurde 1817 nach einer älteren Vorlage angefertigt. Aus der Hand von Tilman Riemenschneider (oder aus dessen Werkstatt) stammt der in der ersten Hälfte des 16. Jhs. aus Lindenholz geschnitzte Leuchterengel.

Schweizer Zimmer

Barock verziert ist das Interieur des Raumes, den Großherzog Carl Alexander 1864 in der Schweiz von Fürst von Salis-Soglio erwarb. Die Türbekrönung trägt die Jahreszahl 1682. Als Schweizer Zimmer wurde es in die Dirnitz eingebaut. Die Zierde des Raums bildet der schmucke Turmofen (1689) aus der Hafnerwerkstatt Pfau im schweizerischen Winterthur. Seine Fayenceplatten zeigen allegorische und alttestamentarische Szenen.

Von diesem fünften Museumsraum führt eine Treppe ins 1. Obergeschoß, in den Raum für Sonderausstellungen. Über den westlichen Wehrgang, seit dem vorigen Jahrhundert nach der Landgräfin Margarethe benannt, kommen Sie in die Vogtei.

Eseltreiberstübchen

Der schlichte Erkerraum diente den Eseltreibern zum Ausruhen. Der Stall für die Tiere, die Jahrhunderte Trinkwasser und Proviant auf die Burg schleppten, befand sich im vorderen Burghof. Der Legende zufolge soll die Landgräfin Margarethe 1270 vom Fenster dieses Stübchens aus geflohen sein, das einst ein Schützenerker war.

In die Obere Vogteistube, dem kleinen Raum hinter dem Nürnberger Erker, wurde das Studierstübchen des Humanisten Pirckheimer eingebaut. Die acht Gemälde in dem Raum sind friesartig unterhalb der Decke angebracht, dargestellt sind Thüringer Landgrafen und sächsische Herzöge.

Pirckheimer-Stübchen

In diesem Stübchen, dessen Einrichtung lediglich aus Tisch und Stuhl besteht, arbeitete der Humanist Willibald Pirckheimer (1470–1530), ein Zeitgenosse Luthers. Der reiche Patrizier und Ratsherr war einer der führenden Nürnberger Humanisten. Er unterstützte anfänglich Luthers Reformation, wandte sich aber nach dem Bauernkrieg von ihm ab. Das kleine spätgotische Zimmer mit einer Wandverkleidung aus Lindenholz und hölzerner Netzgewölbedecke stammt aus seinem Haus in Nürnberg, das durch die Heirat seiner Tochter Felicitas in den Besitz der Familie Imhoff gelangte. Großherzogin Sophie von Sachsen-Weimar-Eisenach erwarb es 1867 und machte es ihrem Gemahl Carl Alexander zum Geschenk. An der Wand sind sechs Brillen (um 1520) von Willibald Pirckheimer angebracht, die sich in der Vertäfelung seines Studierstübchens fanden.

Lutherstube

★ Luther lebte in diesem Raum, der im 16. Jh. als Kavaliersgefängnis diente, vom 4. Mai 1521 bis zum 1. März 1522. In dieser Kammer übersetzte er in nur zehn Wochen das Neue Testament aus dem griechischen Urtext in eine deutsche, allen verständliche Sprache. Der Raum mit Holzwänden und Holzdecke behielt sein mittelalterliches Aussehen. Bereits seit dem ausgehenden 16. Jh. besuchten »Pilger« die Lutherstube und ritzten ihre Namenszüge in die Bohlen der Wände. Die Inschriften reichen bis zum Jahr 1580 zurück.

Vergeblich werden Sie den berühmten Tintenfleck suchen, der ab 1650 genannt wird. Die Legende berichtet, Luther habe mit dem Tintenfaß nach dem Teufel geworfen, als dieser ihn bei der Arbeit störte. Luther selbst sprach davon, den »Teufel mit Tinte zu vertreiben«, womit er aber meinte, er habe mit seinen auf der Wartburg verfaßten Schriften den Teufel bekämpft. Den angeblichen Tintenfleck kratzten die Besucher millimeterweise von der Wand, dort, wo links neben dem Balken der Putz fehlt. Eifrig wurde er lange Zeit nachgefärbt, 1894 zuletzt. Auch Luthers Arbeitstisch trugen die Besucher Span für Span als Andenken nach Hause, bis kaum noch etwas vorhanden war. 1817, anläßlich des Wartburgfestes der Studenten, wurde er durch den noch heute vorhandenen, spätgotischen Kastentisch aus Eiche (um 1600) ersetzt. Er kam aus dem Luther-Stammhaus in Möhra auf die Burg. Der einzige Schmuck des Raumes sind Bilder von Lucas Cranach d.Ä.: links Luther, rechts sein Mitstreiter Melanchthon, darüber ein Holzschnitt, der Luther als Junker Jörg zeigt. Lucas Cranach haben wir es zu danken, daß das Bild des bärtigen Luther der Nachwelt erhalten blieb. Im Dezember 1521 unterbrach der Reformator seinen Wartburgaufenthalt, inkognito reiste er für drei Tage nach Wittenberg, wo er sich im Gasthaus »Zum Bären« (heute Hotel »Schwarzer Bär«) einquartierte. Nebenan hatte Cranach sein Wohn- und Arbeitshaus. Er benötigte also nur wenige Schritte, um seinen Freund Luther zu skizzieren. Der Ofen wurde in der zweiten Hälfte des 19. Jhs. errichtet. Seine frühbarocken grünen Kacheln fand man 1842 bei Erdarbeiten auf den Wartburghöfen. Die Kacheln im oberen Teil des Ofens zieren halbplastische Bildnisse von Adligen des 17. Jhs., darunter sind Kurfürst Maximilian von Bayern und Herzog Wilhelm von Weimar zu erkennen. Zu Luthers Zeiten beheizte ein Kamin den Raum. Der Walwirbelknochen soll Luther als Fußschemel gedient haben; wie er auf die Wartburg gelangte, ist unbekannt. Nach 10 Monaten, am Morgen des 1. März 1522, verließ Luther gegen den Willen des Kurfürsten die Burg, die er nie wieder betreten hat. An jedem 4. Mai, Luthers Ankunftstag auf der Wartburg, schmückt ein Strauß frischen Frühlingsgrüns den Raum.

Rostbrätl und Thüringer Klöße

Regionale Spezialitäten, aber auch internationale Küche können Sie beim Besuch von Wartburg und Umgebung genießen

Vor 200 Jahren war es noch beschwerlich, zur Wartburg aufzusteigen, doch es lohnte sich: Im Ritterhaus empfingen gastfreundliche Wirtsleute den Besucher und bei schönem Wetter standen die Bänke im Freien, gleich neben Hühnerhof und Eselstall. Eine Kegelbahn und einen Tanzsaal gab es auch. 1861 war es mit diesem Idyll vorbei, für die vielen Besucher mußte etwas Größeres her. Auf einem Felssporn eröffnete 1861 ein neuer Gasthof, der wiederum mußte 1914 dem heutigen *Hotel auf der Wartburg* mit seinen Restaurants weichen. Hinzugekommen sind die Gaststätte *Zum Parkhaus* an der Wartburgschleife (seit 1930) und das *Burgcafé* im Gadem der Wartburg (seit 1965).

Sie können auch in Eisenach essen gehen. Die meisten Restaurants kochen regionale Küche, also auch Thüringer Klöße, die aus geriebenen rohen Kartoffeln bestehen und mit gerösteten Weißbrotwürfeln gefüllt sind. Die besten Klöße seien jene, bei denen man sich nicht einigen kann, ob sie Beilage oder Hauptgericht sind. Egal, jedenfalls werden die Klöße mit Braten und viel Soße serviert. In der warmen Jahreszeit zieht der Duft der Thüringer Rostbratwürste durch die Gassen. Auf dem Holzkohlengrill wird auch das Rostbrätl gewendet, serviert mit gerösteten Zwiebelringen. Rostbrätl sind Schweinekammscheiben, die bis zu 24 Stunden mariniert werden. Am Nachmittag schmeckt frischer Zwiebelkuchen vorzüglich. Die feingeschnittenen Zwiebeln werden zuvor in ausgelassenen Speckwürfeln gedünstet.

Der »Hamburger« Thüringens

Restaurantpreise

Kategorie 1: über 22 Mark
Kategorie 2: 15 bis 22 Mark
Kategorie 3: bis 15 Mark

Die Preise gelten für ein Hauptgericht ohne Vor- und Nachspeise und ohne Getränke.
Vorwahl von Eisenach: 03691

AUF DEM WARTBURGBERG

Burgcafé
Getränke, Kaffee, Eis, kleines Speiseangebot, Bier und Wein. *Tgl. 10 Uhr bis kurz vor Schließung des Burgtores, Tel. 25 02 40*

Kaminzimmer
★ Das kleine Restaurant des *Hotels auf der Wartburg* hat Atmosphäre – besonders in der kühlen Jahreszeit, wenn die Holzscheite im Kamin prasseln. *Tgl. 11 bis 23 Uhr, Tel./Fax 51 11, Kategorie 1*

Landgrafenstube
Versuchen Sie, einen Fensterplatz nach Süden zu bekommen: Phantastisch ist der Blick auf die Wälder der Umgebung. *Im Hotel zur Wartburg, tgl. 11–23 Uhr, Tel./Fax 51 11, Kategorie 1*

Terrassen-Restaurant
Stark frequentiert, da gutes Angebot zu zivilen Preisen, Selbstbedienung. *Geöffnet nur im Sommer bei entsprechender Witterung, 9–17 Uhr, Kategorie 3*

Zum Parkhaus
Kleines Restaurant im Stil eines Thüringer Waldhauses. *Parkplatz Wartburgschleife, tgl. 10–18 Uhr, Tel. 45 33, Kategorie 3*

EISENACH

RESTAURANTS

Alt Eisenach
Rustikal-gemütliches Restaurant, Café im Wiener Stil, zentral in der Fußgängerzone. *Mo bis Do 9–24, Fr, Sa 10–24, So 11–24 Uhr, Karlstr. 51, Tel. 760 88, Kategorie 3*

Alt Nürnberg
Rustikales Ambiente; der Restaurantname weckt falsche Erwartungen: Es gibt lediglich thüringische Küche, und die ist meist gut. *Tgl. 11–24 Uhr, Marienstr. 7, Tel./Fax 721 77, Kategorie 3*

Brunnenkeller
Viel Atmosphäre in einem 500 Jahre alten Kellergewölbe. An warmen Sommertagen werden auch Tische nach draußen gerückt. *Tgl. 11–1 Uhr, Markt 10, Tel. 714 29, Kategorie 3*

Der Zwinger
Eine gute Adresse. Thüringische und bayerische Küche. *Tgl. 11–24 Uhr, Wartburgallee 2, Tel. 20 33 43, Fax 20 36 53, Kategorie 2*

Fürstenhof
★ Wer gut speisen und etwas ausgeben möchte, wählt das Restaurant des *Hotels Fürstenhof* mit seiner exzellenten Küche. *Tgl. 11–14 Uhr, 17–23 Uhr, Luisenstr. 11–13, Tel. 77 80, Fax 20 36 82, Kategorie 1*

Gambrinus
Gediegen-angenehm, jüngeres Publikum. Sechs Biere vom Faß, die Spezialität (aber nicht unbedingt für den großen Hunger geeignet): gebratener Ziegenkäse im Rauchspeckmantel mit Salatarrangement und Toast. *Mo–Fr 8–22 Uhr, Sa 11–1 Uhr, So nur bis 18 Uhr, Karlstr. 7, Tel. 727 39, Kategorie 2*

Glockenhof
Viel gelobt für seine gute Küche: das Restaurant des Hotels Glockenhof. *Tgl. 11–15, 18–24 Uhr, Grimmelgasse 4, Tel. 23 40, Fax 23 41 31, Kategorie 2*

Klimperkasten
✝ Auch wenn die Eigenwerbung »die total verrückte Kneipe« etwas übertreibt: Es gibt nichts außergewöhnliches aber gemütlich ist es auf jeden Fall. *Mo–Do 16.30–24 Uhr, Fr 17–1 Uhr, Sa, So 18–1 Uhr, Alexanderstr. 49, Tel. 62 47 52, Kategorie 3*

Marieneck
Hier kommt Regionales auf den Tisch, solide, deftig und zu vernünftigen Preisen. *Marienstr. 2–4, Tel. 763 85, Kategorie 3*

Residenzkeller
Gutes Speiserestaurant im alten Gewölbe der einstigen Residenz, den I-Punkt setzt im Sommer der Biergarten. *Mo 17.30–24 Uhr, Di bis So 11.30–15 Uhr, 17.30–24 Uhr, Esplanade 1, Tel. 20 38 85, Kategorie 2*

Ritterstube
Regionale und internationale Küche. *Mo erst ab 18 Uhr, Schmelzerstr. 17, Tel. 774 12, Fax 21 04 86, Kategorie 2*

Stadt-Restaurant
Thüringer und bulgarische Küche. *So nur bis 15 Uhr, Ernst-Thälmann-Straße (im Bürgerhaus), Tel. 20 31 95, Kategorie 3*

Turmschänke
★ Weinrestaurant im historischen Nikolaitor: Das Beste und Teuerste, das Eisenach gegenwärtig zu bieten hat. Tischreservierung empfehlenswert! *Mo bis Sa 18–24 Uhr, So geschl., Karlsplatz, Tel. 21 35 33, Kategorie 1*

Zum Augustiner
Hier können sich Bayern heimisch fühlen: Münchner Weißbier und Weißwürste, vor allem aber regionale Küche. Nach Jahrzehnten wieder geöffnet. *Tgl. 9 bis 24 Uhr, Georgenstr. 30, Tel. 21 72 29, Kategorie 3*

SPEZIALITÄTEN-RESTAURANTS

China Garden
Chinesische Spezialitäten. *Tgl. 11.30–23.30 Uhr, Karlstr. 33–35, Tel./Fax 21 07 71, Kategorie 2*

MARCO POLO TIPS FÜR RESTAURANTS

1. **Kaminzimmer**
Gemütlichkeit im Winter im Hotel auf der Wartburg (Seite 52)

2. **Fürstenhof**
Die exzellente Küche des Hotelrestaurants hat sich herumgesprochen (Seite 52)

3. **Turmschänke**
Stilvolles Weinrestaurant im historischen Nikolaitor (Seite 53)

4. **Brüheim**
Frischer Zwiebelkuchen ist in diesem Café der Tip! (Seite 54)

5. **Hörselberghaus**
Beliebtes, kürzlich modernisiertes Ausflugslokal auf dem Großen Hörselberg (Seite 54)

6. **Ruhlaer Skihütte**
Schlichte Gemütlichkeit mitten im Wald nahe dem Rennsteig (Seite 55)

Hellgrafenhof

Wer die Wahl hat, hat die Qual: Das Hotelrestaurant bietet etwa 200 internationale und italienische Gerichte. *Tgl. 11.30–24 Uhr, Katharinenstr. 13, Tel. 293 90, Fax 47 38, Kategorie 2*

Olympia

Beliebter und bisher einziger Grieche in Eisenach. *Tgl. 11 bis 24 Uhr, Goldschmiedenstr. 28–30, Tel. 77 24 22, Kategorie 2*

Schönblick

Terrasse mit Wartburgblick. *Di bis Sa 11–22 Uhr, So bis 18 Uhr, Johann-Sebastian-Bach-Str. 9, Tel. 21 39 68, Kategorie 3*

CAFÉS/BISTROS/EISDIELEN

Brüheim

★ In dem Nichtrauchercafé läßt sich eine angenehme Pause einlegen; mittwochs und donnerstags gibt es frischen Zwiebelkuchen. *Mo–Sa 10–18 Uhr, So 14–18 Uhr, Marienstr. 1*

Dolomiten

Die beste Eisdiele in der Stadt mit mehr als 20 Sorten, an heißen Sommertagen lange Warteschlange. *April–Sept. Mo–Fr 9 bis 21 Uhr, So 12–21 Uhr, Okt.–März Mo–Fr 9–19 Uhr, So 12–19 Uhr, immer Sa geschl., Alexanderstr. 105*

Karoline

Kleines Villen-Café unweit der Wartburg-Parkplätze, stets gut besucht. *Tgl. 10–18 Uhr, Marienthal 26*

Schwenger

Kuchen und Pralinen aus eigener Herstellung. *Mo–Fr 9–18 Uhr, Sa, So 13–18 Uhr, Frauenberg 13*

Swing

Freundliches Café und Bistro. *Mo–Do 10–24 Uhr, Fr, Sa 10 bis 1 Uhr, So 12–24 Uhr, Karlsplatz 10, Kategorie 3*

UMGEBUNG

AUSFLUGSLOKALE

Berggasthof Hörselberghaus

★ Ob mit Wanderstiefeln und Jeans oder mit Nadelstreifen und Fliege, jeder wird auf dem Großen Hörselberg mit gleicher Aufmerksamkeit bedient. Mit dem Pkw zu erreichen: In Sättelstädt von der B 7 in Richtung Hastrungsfeld abbiegen, der letzte Kilometer muß zu Fuß zurückgelegt werden. *Di–So 10–20 Uhr, Mo geschl., Tel. 03622/73 20, Kategorie 3*

Waldhaus Sängerwiese

1927 erbaute Waldgaststätte mit Kaffee, Kuchen, Imbiß und Biergarten. Von der Wartburg sind es etwa 30 Minuten zu Fuß in Richtung Rennsteig; Pkw an der B 19 abstellen, von dort noch 10 Minuten Fußweg. *Okt.–Mai Di geschl., Juni–Sept. tgl. 10–18 Uhr, Tel. 20 32 72, Kategorie 3*

Zum Haflinger

Hausgebackener Kuchen, Stutenmilch; Reiten und Kremserfahrten. *Nov.–März nur Sa, So, Feiertage, April–Okt. Di–Fr 11 bis 19 Uhr, Sa 10–20 Uhr, So 10 bis 19 Uhr, Clausberg (8 km westlich der Wartburg), Tel. 03691/775 07, Kategorie 3*

RESTAURANTS/CAFÉS

Alte Posthalterei

Hier sitzt es sich gut, zumal die Thüringer Küche schmeckt, und der Kuchen selbstgebacken ist. *Mo–Do 10–22 Uhr, Fr, Sa 10–24 Uhr, So 10–22 Uhr, Plan 1, 99831 Creuzburg (15 km von der Wartburg) Tel. 036926/601 42, Kategorie 2*

Auf der Creuzburg
Das Café und Hotelrestaurant sind eine sichere Adresse für gute Küche und flotte Bedienung. Mit dem Pkw dürfen Sie bis vor den Burgeingang fahren. *Tgl. 11.30 bis 22 Uhr, auf der Creuzburg, 99831 Creuzburg, Tel. 036926/984 78, Fax 984 79, Kategorie 2*

Graues Schloß
Gemütlichkeit in altem Gemäuer, der Koch versteht sich bestens auf Wildgerichte. *Mo–Mi 11–22 Uhr, Do–Sa 11–24 Uhr, So 11–23 Uhr, Thomas-Müntzer-Str. 4, 99826 Mihla (14 km von der Wartburg), Tel./Fax 036924/22 72, Kategorie 2*

Grünes Herz
Gut Essen und anschließend durch den Wald spazieren, der sich bis an die Eingangstür des Hotelrestaurants erstreckt. *Mo bis Fr, So 11–22 Uhr, Sa bis 24 Uhr, An der Schwarzbachwiese (2,5 km von Ruhla entfernt in Richtung Winterstein), Tel. 036929/803 01, Fax 800 80, Kategorie 2*

Ratskeller
Regionale und italienische Küche im alten Kellergewölbe. *Di–Fr 11 bis 14.30 Uhr, 18–24 Uhr, Sa 11 bis 23 Uhr, So 11–22 Uhr, Mo geschl., Markt, 99830 Treffurt (26 km von der Wartburg), Tel. 036923/316, Kategorie 3*

Ruhlaer Skihütte
★ Ein Schmuckstück eigener Art: Einfaches Waldgasthaus mit sehr gemütlicher Atmosphäre, der Kuchen ist selbstgebacken. 1,5 km vom Rennsteig entfernt. *Di–So 11–19 Uhr, Mo geschl., Arno-Schlothauer-Str. 29, 00842 Ruhla (14 km von der Wartburg), Tel. 036929/34 34, Kategorie 2*

Schloß Altenstein
Ausflugs- und Speiselokal am *Altensteiner Schloßpark*, Wildgerichte. *Tgl. 10–21 Uhr, 36448 Altenstein (20 km von der Wartburg), Tel. 036961/21 20, Kategorie 2*

Thalfried
Die Besitzer des Hotelrestaurants kommen aus Westfalen, aber auch thüringische Gerichte stehen auf der Speisekarte; mit Biergarten. *Tgl. 11–24 Uhr, Bahnhofstr. 11–13, 99843 Thal (17 km von der Wartburg), Tel. 036929/31 93, Fax 20 18, Kategorie 2*

Thüringer Klöße

1500 g Kartoffeln schälen, reiben und stark auspressen. Weitere 500 g Kartoffeln kochen. Mit dem Kochwasser die gepreßten Kartoffeln überbrühen, die noch heißen Kartoffeln zerdrücken, beides gut mischen und salzen.

Daraus die Klöße formen, die mit in Fett gerösteten Weißbrotwürfeln gefüllt werden. In siedendes Wasser geben und mit geringer Hitze ziehen lassen. Wenn die Klöße an der Oberfläche schwimmen – nach etwa 20 Minuten – sind sie gar.
(Rezept für 4 Pers. vom Küchenchef des Hotels auf der Wartburg)

Schönes aus Glas, Ton und Porzellan

Thüringisches Handwerk und das unvermeidliche Souvenir

Thüringen ist reich an kunsthandwerklichen Traditionen – Glasbläser, Töpfer und Porzellanmanufakturen gelangten früh und international zu Ruhm. Seit 1597 wird hier Glas geblasen, seit 1760 entwickelte sich Thüringen zu einem Zentrum der Porzellanherstellung in Deutschland, mit über 15 Manufakturen. Ein typisches Souvenir sind auch Puppen aus Sonneberg oder Waltershausen, denn die Puppenherstellung hat in Thüringen eine über dreihundertjährige Tradition. Eine kleine Auswahl aus diesen Handwerkszweigen bieten die drei Souvenirläden auf der Wartburg:

Der Laden in der Vogtei hat von 10 Uhr bis zum Ende der letzten Führung geöffnet, ein zweiter mit größerer Auswahl ist neben dem Kassenraum in der Dirnitz, geöffnet von 8.30 Uhr bis 16.30 Uhr bzw. 17 Uhr. Von April bis Oktober können Sie in einem dritten Laden im Hof des »Hotels auf der Wartburg« von 9.30 bis 17 Uhr einkaufen. Diese Verkaufsstelle ist nicht überlaufen, hier kann in Ruhe ausgewählt werden, z. B. unter zahlreichen Postermotiven: Martin Luther als Junker Jörg, seine Stube auf der Wartburg oder Szenen aus der Elisabethlegende, die in einen Bildteppich von 1475 eingewebt wurden. Diaserien mit Wartburgmotiven sind selbstverständlich auch im Angebot.

In Eisenach bummelt es sich angenehm in der Fußgängerzone Karlstraße, der Verbindung des Karlsplatzes mit dem Marktplatz, auf dem von Montag bis Freitag Händler von nah und fern ihre Stände aufbauen. Im Informationszentrum nahe dem Eisenacher Marktplatz gibt es dieselben Souvenirs wie auf der Burg. Ein breites Sortiment an Glaswaren bietet die Thüringer Glastruhe, Frauenberg 26. Geöffnet haben die Geschäfte im Wartburgland meist von Montag bis Freitag von 9 bis 18 Uhr, Donnerstag bis 19 Uhr, Samstag 9–13 Uhr. Nicht selten gibt es eine Mittagspause von maximal 2 Stunden.

»Kunsthandwerk mit Betonung auf Kunst«: Handgearbeitete Vasen sind Unikate

RESTAURANT
Gasthof

Schlicht wie Luther oder feudal wie der Herzog

In der Wartburg-Gegend weiß man schon seit Jahrhunderten, wie man seine Gäste zufrieden bettet

Wand an Wand mit der berühmten Burg wohnen und die erhabene Atmosphäre hoch über Eisenach genießen – welcher Wartburg-Besucher träumt nicht davon? Aber nicht jedem ist es vergönnt, wenige Schritte von Torhaus und Vogtei entfernt zu logieren, in denen einst Luther, Goethe und Moritz von Schwind ruhten. Die Zimmerzahl des *Hotels auf der Wartburg* ist begrenzt, manch anderen zwingen auch die nicht gerade niedrigen Übernachtungspreise, in die Stadt Eisenach hinabzusteigen oder in die landschaftlich schöne Umgebung auszuweichen.

Um die Jahrhundertwende war der Wartburg-Gasthof von 1861 mit seinen »kleinen traulichen Restaurations- und stimmungsvollen Gastzimmern« zu klein geworden und ein Neubau unumgänglich. Weil die Wartburg, wie Burghauptmann von Cranach vom Großherzoglichen Hofmarschallamt in Weimar forderte, »absolut die Herrscherin« bleiben mußte, wurde der als Baugrund auserwählte Felsen um sechs Meter abgetragen. Darauf entstand 1913/14 in nur elf Monaten ein Gasthof, der mit der benachbarten Feste ein einheitliches künstlerisches Gesamtbild ergibt. Der Berliner Architekt Bodo Ebhardt gruppierte um den offenen Hof hufeisenförmig drei Bauten aus gleichem Naturstein wie die Burg, mit schlichtem Fachwerk, reizvollen Erkern und Terrassen. Der Straßburger Leo

Hotel auf der Wartburg

Übernachtungspreise

Kategorie 1: über 180 Mark
Kategorie 2: 120 bis 180 Mark
Kategorie 3: unter 120 Mark

Preis pro Nacht für zwei Personen im Doppelzimmer mit Dusche/WC und Frühstück.
Vorwahl von Eisenach: 03691

MARCO POLO TIPS FÜR ÜBERNACHTUNGEN

1 Hotel auf der Wartburg
Komfort und Ruhe auf dem Berg – und ein exklusives Angebot (Seite 60)

2 Villa Anna
Liebenswertes Haus in Eisenach (Seite 62)

3 Thüringer Baude
Niveauvoll wohnen bei Ruhla (Seite 63)

4 Kaiserhof
Hotel in Eisenach mit Tradition für Anspruchsvolle (Seite 61)

Schnug schmückte den Wappensaal durch seine gotisierenden Wandmalerein – ein kleines Kunstwerk! Das *Hotel auf der Wartburg* stellt seit der Modernisierung 1992–94 auch den anspruchsvollsten Gast zufrieden. Ein besonderes Angebot: Am Donnerstag und Freitag können Sie hier heiraten, bei der Eisenacher Standesbeamtin im Jägerzimmer.

Vor allem um die Jahrhundertwende entstanden in der Wartburgstadt Eisenach zahlreiche Hotels, sehr angesehen ist der seit 1897 bestehende Kaiserhof.

Hotel auf der Wartburg

★ Ein Ambiente wie in der Burg selbst, mit modernem Hotelkomfort und behaglicher Atmosphäre, stilvoll eingerichtete Zimmer; rechtzeitiges Reservieren angebracht. 35 Zi. *Auf der Wartburg, Tel./Fax 51 11, Kategorie 1*

EISENACH

HOTELS/PENSIONEN

Andersen

Hotel, Einkaufszentrum und Geschäfte sind ideal miteinander verbunden. Direkt an der B 84, nahe dem Hauptbahnhof: Haustiere erlaubt. Zimmerpreis (für Einzel- und Doppelzimmer gleich) ohne Frühstück. 48 Zi. *Clemensstr. 31–33, Tel. 25 50, Fax 25 53 00, Kategorie 2*

Apartment-Hotel Palmental

Hell und freundlich, tatsächlich mit echten Palmen, fünf Minuten vom Hauptbahnhof entfernt in ruhiger Lage an der Hörsel; behindertengerecht, Haustiere erlaubt. 120 Zi. *Palmental 3, Tel. 650, Fax 65 21 20, Kategorie 2*

Berghof

In ruhiger, landschaftlich schöner Lage am Burschenschaftsdenkmal. Haustiere erlaubt. Dusche/WC (bis auf 2 Zi.) auf der Etage. 23 Zi. *Am Burschenschaftsdenkmal, Tel. 20 37 46, Kategorie 3*

Burgfried

Hotel garni in zentraler Lage am Fuße der Wartburg, stilvoll eingerichtet. 19 Zi. *Marienstr. 60, Tel. 73 26 19, Kategorie 2*

Fürstenhof

Das Jugendstilhaus von 1902, das zu DDR-Zeiten »Stadt Eisenach«

hieß, wird zur Zeit luxusmodernisiert, währenddessen sind nur wenige Zimmer zu bewohnen. 51 Zi. *Luisenstr. 11–13, Tel. 77 80, Fax 20 36 82, Kategorie 1*

Glockenhof
Solide, zentral gelegen, kurzum: Eine gute Adresse in Eisenach. 49 Zi. *Grimmelgasse 4, Tel. 23 40, Fax 23 41 31, Kategorie 2*

Haus Hainstein
Hotel der evangelischen Kirchen in einer Parkanlage unweit der Wartburg. Hochzeiten und Taufen in der hauseigenen Kapelle. 46 Zi. *Am Hainstein 16, Tel. 24 20, Fax 24 21 09, Kategorie 2, 3*

Haus Waldblick
Kleine familiengeführte Pension, niveauvolles Ambiente, ruhige Lage am Stadtrand: Haustiere erlaubt. 10 Zi. *Albrechtstr. 1, Tel. 73 23 44, 21 47 52, Kategorie 2*

Kaiserhof
★ Hinter der historischen Fassade verbirgt sich ein vornehmes Stadthotel. Zu DDR-Zeiten trug es den Namen »Parkhotel«; Sauna, Solarium; Haustiere erlaubt. 64 Zi. *Wartburgallee 2, Tel. 21 35 13, Fax 20 36 53, Kategorie 1*

Klostergarten
Mittelgroße Pension in ruhiger Lage am westlichen Stadtrand. 19 Zi. *Am Klosterholz 23 (Zufahrt über Werrastr.), Tel. 62 51 66, Fax 62 51 48, Kategorie 3*

Sophien-Hotel
Neues Haus im Stadtzentrum; Fitneßbereich mit Sauna, Dampf-

Eleganz und Großzügigkeit im Hotel Kaiserhof in Eisenach

grotte; Haustiere erlaubt. 52 Zi. *Sophienstr. 41–43, Tel. 25 10, Fax 251 11, Kategorie 1*

Thüringer Hof
Ideale Zentrumslage; gegenwärtig geschlossen – es wird modernisiert, Wiedereröffnung Ende 1995. *Karlsplatz 11*

Villa Anna
★ Kleines Hotel garni in einer der prachtvollen Villen der Südstadt. Haustiere erlaubt. 14 Zi. *Fritz-Koch-Str. 12, Tel. 239 50, Fax 23 95 30, Kategorie 2*

Villa Karoline
Hotel garni am Fuße der Wartburg, gegenüber dem Wartburg-Parkplatz 2 an der B 19. 18 Zi. *Marienthal 26, Tel./Fax 73 28 84, Kategorie 2*

JUGENDHERBERGEN

Haus Marienthal
Am Stadtrand am Fuße der Wartburg. 102 Betten, 7 Familienzimmer. *23.–27. Dez. geschl., Anreise muß bis 15 Uhr erfolgen. Marienthal 24, Tel. 20 36 13, Kategorie 3*

Haus Bornstraße
Am Stadtpark in Wartburgnähe. 65 Betten, *23.–27. Dez. geschl., Bornstr. 7, Tel. 73 20 12, Kategorie 3*

PRIVATUNTERKÜNFTE

Privatquartiere stehen reichlich zur Verfügung, die Ausstattung läßt manchmal Wünsche offen, dafür sind sie aber bedeutend preiswerter als Hotels und Pensionen. *Die Vermittlung erfolgt durch die Tourist-Information Eisenach.*

UMGEBUNG

HOTELS/PENSIONEN

Alte Posthalterei
Familiäre Atmosphäre in einem schönen Fachwerkbau im Stadtzentrum. 20 Zi. *Plan 1, 99831 Creuzburg (12 km von der Wartburg), Tel./Fax 036926/60 14, Kategorie 3*

Arnstädter Hof
Gemütliche Zimmer zu soliden Preisen (und das sogar mit TV und Tel.) 12 Zi. *Karolinenstr. 18, 99842 Ruhla (14 km von der Wartburg), Tel. 036929/30 84, Kategorie 3*

Auf der Creuzburg
In dem Mitte des 18. Jhs. zum barocken Herrenhaus umgebauter Palas der Creuzburg, ruhige Lage; Haustiere erlaubt. 6 Zi. *Auf der Creuzburg, 99831 Creuzburg, Tel. 036926/984 78, Fax 984 79, Kategorie 2*

Birkenhof
Gemütliche Pension in ruhiger Dorflage. 14 Zi. *Schillerstr. 13, 99819 Hötzelsroda (7 km von der Wartburg), Tel./Fax 03691/61 18 12, Kategorie 2*

Euromill Berghotel
Thüringens größtes Hotel mit Hallenbad, Sauna, Solarium, Kegelbahn. 460 Zi. *Bergstr., 99894 Friedrichroda (30 km von der Wartburg), Tel. 03623/45 65, Fax 45 62, Kategorie 2*

Grünes Herz
Mitten im Wald und 1,5 km vom Rennsteig entfernt gelegen; Haustiere erlaubt. Sauna, Solarium. 17 Zi. *An der Schwarzbachwiese,*

99842 Ruhla, (2,5 km von Ruhla entfernt in Richtung Winterstein). Tel. 036929/803 01, Fax 800 80, Kategorie 2–3

Schloß Reinhardsbrunn & Kavalierhaus
Wohnen wie einst die Herzogsfamilie von Sachsen-Coburg und deren Gäste. 55 Zi. *99894 Friedrichroda, Tel. 03623/42 53, Fax 42 51, Kategorie 1–2*

Thalfried
Familienfreundliches Ferienhotel: Kinder und Haustiere sind gern gesehen. 31 Zi. *Bahnhofstr. 11–13, 99843 Thal (17 km von der Wartburg), Tel. 036929/31 93, Fax 20 18, Kategorie 2*

Thüringer Baude
★ Neues Haus mit Wohnkomfort und vielen Freizeitangeboten. Hallenbad, Sauna, Kegelbahn und mehr; behindertengerecht; Haustiere erlaubt. 65 Zi. *Friedrich-Ludwig-Jahn-Str. 13, 99842 Ruhla, Tel. 036929/884 63, Fax 802 36, Kategorie 3*

Waldblick
Abseits der Stadt, ruhige Lage, große Zimmer. 8 Zi. *Heidewickchen 14, 99830 Treffurt (26 km von der Wartburg), Tel. 036923/488, Kategorie 3*

Haus Wilhelmsthal
Hermann Göring und später den Genossen der DDR-Stasi hat es in diesem in einem Park gelegenen Haus gefallen. Sauna, 45 Zi. *99819 Wilhelmsthal (6 km von der Wartburg), Tel. 03691/24 80, Fax 21 56 23, Kategorie 2–3*

JUGENDHERBERGEN

Friedrichroda
Fünf Minuten Fußweg von der Thüringerwaldbahn entfernt; auf dem Heuberg (direkt am Rennsteig) gibt es eine Außenstelle. Insgesamt 94 Betten. *23 bis 27. Dez. geschlossen. Waldstr. 24, 99894 Friedrichroda, Tel. 03623/44 10, Kategorie 3*

Brotterode
Am Fuße des Großen Inselsberges, am Ortsausgang in Richtung Trusetal. 51 Betten, 2 Familienzimmer. *Am Zainhammer 4, 98599 Brotterode, Tel./Fax 036840/321 25, Kategorie 3*

CAMPING

Camping Altenberger See
Wald- und Wiesengelände am *Altenberger See südlich von Wilhelmsthal, an der B 19. Ganzjährig geöffnet, Mittagsruhe 13–15 Uhr, Tel. 03691/21 56 37*

Die Marco Polo Bitte

Marco Polo war der erste Weltreisende. Er reiste in friedlicher Absicht, verband Ost und West. Er wollte die Welt entdecken, fremde Kulturen kennenlernen, nicht zerstören. Könnte er für uns Reisende des 20. Jahrhunderts nicht Vorbild sein? Aufgeschlossen und friedlich sollte unsere Haltung in anderen Ländern sein. Dazu gehören auch Respekt vor Mensch und Tier und die Bewahrung der Umwelt.

WWF

Burgkonzerte mit exzellenter Akustik

Klassisches das ganze Jahr hindurch: Kammermusik, Goethe-Vorträge, Bachwochen und Orgelsommer

Als Franz Liszt 1867 im Festsaal der Wartburg sein Oratorium »Die Legende von der Heiligen Elisabeth« dirigierte, waren alle von der Akustik begeistert. Das ist bis heute so geblieben, und schon deshalb gilt der Festsaal als Eisenachs beliebteste Konzertstätte. Seit 1958 finden hier die Wartburgkonzerte des Rundfunks statt, in ihrer Gästeliste stehen der Thomanerchor, mehrfach der Kammersänger Peter Schreier (Tenor) und der Kammersänger Theo Adam (Baßbariton). Dieser schrieb: »In diesem herrlichen Rahmen singen zu können, kommt einem Geschenk gleich.«

FEIERTAGE

Die üblichen im protestantischen Teil Deutschlands: *1. Januar, Karfreitag, Ostermontag, 1. Mai (Tag der Arbeit), Himmelfahrt, Pfingstmontag, 3. Oktober (Tag der Deutschen Einheit), 31. Oktober (Reformationstag), 1. und 2. Weihnachtsfeiertag.*

Begeistert vom Festsaal der Wartburg ließ Ludwig II. ihn in Schloß Neuschwanstein nachbauen

BESONDERE VERANSTALTUNGEN

Januar bis November:
Kammermusikkonzerte
Konzerte zur Pflege der Kammermusik aller Epochen. *Eisenach, Saal des Landratsamtes (Eingang Badergasse), an unterschiedlichen Tagen 17 oder 20 Uhr*

Geigenkastenkonzerte
Konzerte im kleinen Rahmen. *Eisenach, einmal monatlich an unterschiedlichen Tagen und Orten*

Januar bis Dezember:
Hausmusik bei Reuters
★ Kleine Konzerte, veranstaltet vom Richard-Wagner-Verband. *Eisenach, Reuter-Villa, Reuterweg 2, 1. So im Monat, 15 Uhr*

Vorträge der Goethegesellschaft
Vorträge und Gedenkveranstaltungen zu Goethe und zur Weimarer Klassik. *Eisenach, Palais Bechtolsheim, Jacobsplan, an unterschiedlichen Tagen, meist 18 Uhr*

Vorträge des Geschichtsvereins
Themen sind die Wartburgstadt und ihre Geschichte. *Eisenach, Saal des Fürstenbahnhofs, meist am 1. Di im Monat 18.30 Uhr*

Februar bis Dezember:
Konzerte im Bachhaus
★ Musik von Bach, Telemann und Zeitgenossen. Gespielt wird auf historischen Instrumenten, von denen das Bachhaus eine umfangreiche Sammlung besitzt. *Eisenach, Frauenplan 21, an unterschiedlichen Tagen, meist 19.30 Uhr*

März/April:
Eisenacher Sommergewinn
★ ✪ Das größte Volksfest in Thüringen mit Festumzug, der auf dem Marktplatz endet. *3. Sa vor Ostern*

Thüringer Bach-Wochen
Konzerte, Vorträge und Ausstellungen an den Wirkungsstätten von J. S. Bach und seiner Familie. *In Eisenach in der Georgenkirche, im Landestheater, im Bachhaus, 3 Wochen*

März bis Dezember:
Thüringer Schloßkonzerte
Musik des Barock, der Klassik und Romantik mit Gruppen und Solisten aus dem In- und Ausland; teilweise bei Kerzenschein. *Creuzburg, im Festsaal der Burg, unterschiedliche Tage*

Altensteiner Höhlenkonzerte
Bereits die Meininger Herzöge haben in die Höhle zu Konzerten geladen, denn die Akustik ist wunderbar. Auf warme Kleidung sollte selbst an heißen Sommertagen nicht verzichtet werden: Die Höhlentemperatur beträgt konstant neun Grad Celsius. *Schweina, an unterschiedlichen Sonntagen*

März bis November:
Eisenacher Vorträge
Forschungsergebnisse zur Wartburg, zu Bach und Luther werden vorgestellt, veranstaltet von der Wartburgstiftung, dem Bach- und Lutherhaus und der Luther-Gesellschaft. *Eisenach, in unterschiedlichen Häusern, an einem Do., 19.30 Uhr*

Mai:
Treffurter Kirschblütenfest
✪ Musik, Kultur- und Kinderprogramme auf der Burg Normannstein. *Treffurt, 1. Wochenende*

GutsMuths-Rennsteiglauf
Europas größter Crosslauf mit dem 65 km Supermarathon von Eisenach nach Schmiedefeld und Tausenden von Läufern. *Ein Wochenende in der 2. Monatshälfte*

Mai bis Juli:
Wandelhallenkonzerte
Konzerte von den vier Eisenacher Chören und der Musikschule »Johann Sebastian Bach«. *Eisenach, Wandelhalle im Kartausgarten, Mai–Sept., So, 15 Uhr*

Mai bis September:
Wartburgkonzerte
★ Orchester und Solisten aus dem In- und Ausland, Übertragung durch Deutschlandradio. *Festsaal der Wartburg, Sa 19.30 Uhr*

Juni:
Eisenacher Telemann-Tage
Veranstaltungen zur Pflege der Musik von Georg Philipp Telemann, der von 1708 bis 1712 in Eisenach wirkte. Alle 2 Jahre, wieder 1996. *Eisenach, u.a. in Georgen- und Nikolaikirche, Wartburgfestsaal, Saal des Landratsamtes, eine Woche in der zweiten Monatshälfte*

Juni/Juli:
Thüringer Orgelsommer
Konzerte auf historisch wertvollen Orgeln in rund 50 Kirchen

MARCO POLO TIPS FÜR VERANSTALTUNGEN

1 **Hausmusik bei Reuters**
Kleine Konzerte in gemütlicher Runde (Seite 65)

2 **Konzerte im Bachhaus**
Musik von Bach und Telemann auf historischen Instrumenten (Seite 66)

3 **Eisenacher Sommergewinn**
Thüringens größtes Volksfest (Seite 66)

4 **Wartburgkonzerte**
Musikalische Glanzstücke im Festsaal der Wartburg (Seite 66)

Thüringens. *In Eisenach in der Georgenkirche, an unterschiedlichen Tagen*

Juni bis September:
MDR-Musiksommer
Vom Mitteldeutschen Rundfunk veranstaltete Konzerte mit dem Sinfonieorchester, der Kammerphilharmonie, dem Rundfunkchor und Solisten aus dem In- und Ausland. *In Eisenach im Festsaal der Wartburg, an unterschiedlichen Tagen*

Juli:
Jazz-Festival
Konzerte der verschiedenen Jazz-Richtungen, Ausstellungen und Lesungen. *Eisenach, 3–5 Tage*

Volks- und Schützenfest
Größtes Volksfest in Treffurt mit Töpfermarkt, Fackelzug, Höhenfeuerwerk und vielem mehr. *Letztes Wochenende*

August:
Rühler Kirmes
Heimat-, Trachten- und Schützenfest. Die Kirmes – Kirmse oder Kermse sagt der Thüringer dazu – ist in den Kleinstädten und ländlichen Gemeinden das Hauptfest des Jahres. *Ruhla, 1. Wochenende*

Oktober:
Thüringer Herbst
Musikalische und literarische Veranstaltungen entlang der Klassikerstraße, auch mit zeitbezogenen Interpretationen der Klassiker wie z. B. Mira Erzegs Clavigo-Inszenierung. *In Eisenach in unterschiedlichen Häusern, erste Monatshälfte*

November:
Kurrendesingen und Märtselmännchen-Heischegang
Zu Luthers Geburtstag erfreuen ab 19 Uhr die Kurrendesänger am Lutherdenkmal die meist zahlreichen Zuhörer. Mit Beginn der Dunkelheit ziehen am gleichen Tag Kinder, »Märtselmännchen« genannt, zum Heischegang durch Eisenach und sagen ihr Sprüchlein auf: »Ich bin ein kleiner König, gebt mir nicht zu wenig, laßt mich nicht zu lange stehn, denn ich muß noch weiter gehn.« *Eisenach, 10. November*

Dezember:
Weihnachtsmärkte
In Eisenach drei Wochen auf dem Marktplatz vor dem Schloß und der Georgenkirche, in anderen Orten des Wartburglandes meist nur einen Tag.

Am Abend gehen wir aus

Die beiden Eisenacher Theater machen das Kulturangebot komplett

Wer die Wartburg und Eisenach besucht, möchte tagsüber auf den Spuren von Geschichte wandeln, in die Kunst und Kultur vergangener Zeiten hinabtauchen. Das Verlangen, sich anschließend bis in die Morgenstunden zu amüsieren, haben die wenigsten. Die meisten Gäste lassen den Tag bei einem guten Abendessen oder mit einem Theaterbesuch ausklingen. Letztere nehmen es wie Goethe, der vom Theater schwärmte: »Da ist Poesie, da ist Musik, da ist Schauspielkunst und was noch alles!« Eisenach hat sein erstes Theater dem Baron von Eichel-Streiber zu verdanken, es wurde 1879 als Drei-Sparten-Stadttheater mit »Minna von Barnhelm« von Gotthold Ephraim Lessing eröffnet. Heute bietet es Oper, Operette und Musical, ein zweites Haus zeigt Schauspiele.

THEATER

Landestheater
Oper in Eisenach, *Theaterplatz 4–7, Tel. 25 60, Fax 25 61 59*

Landestheater Eisenach von 1879

Freies Eisenacher Burgtheater
Ehemals freigestellte Schauspieler gründeten das Freie Theater, das auch auf Gastspiel-Reise geht. *Palmental (in der Alten Mälzerei), Tel./Fax 21 40 74;* Kartenvorverkauf für Gastspiele und Premieren auch in der Eisenach-Information

NACHTCLUB

Lido-Night-Club
Tgl. 15–5 Uhr morgens, Bahnhofstr. 50, Tel. 62 51 95

DISKOTHEK

Brunnenkeller
Fr Diskothek für jung und alt, Sa Oldie-Party. *Am Markt 10, Tel. 714 29*

New Age
Mi, Do, So 20–1 Uhr, Fr, Sa 21 bis 4 Uhr, Am Festplatz Spicke, Tel. 715 09

KINOS

UFA-Filmtheater Titania
Georgenstr. 5, Tel. 20 32 52

UFA-Filmtheater Capitol
Alexanderstr. 12, Tel. 20 32 88

Berge, Schluchten, stille Dörfer

Überraschungen, zahlreiche geschichtliche Ereignisse und eine vielfältige Mittelgebirgslandschaft

Wer nur die Wartburg besucht und die Umgebung nicht beachtet, läßt sich viel entgehen. Von Eisenach führen Straßen und Wanderwege ins Wartburgland, in dem es eine Menge zu entdecken gibt. Aus Möhra stammt Martin Luthers Vater, in den Hörselbergen liegt die Venushöhle aus Richard Wagners »Tannhäuser«, in der Landgrafenschlucht könnten Feen und Zwerge zu Hause sein und auf dem Rennsteig weht Ihnen der Höhenwind um die Nase.

Hotels und Pensionen, Restaurants und Cafés der Wartburgstadt Eisenach und ihrer Umgebung finden Sie in den Kapiteln »Essen & Trinken« und »Übernachtung«.

ALTENSTEIN

Viel Wald und darin ein fürstlicher Landschaftspark – die Herzogsfamilie Sachsen-Meiningen mochte Altenstein, heute Ortsteil von Bad Liebenstein, so gern, daß sie sich nach der Abdankung im Jahr 1918 hierher zurückzog. (D 5–6)

Nur gut 70 Jahre wurde auf der Creuzburg standesgemäß gewohnt; die heilige Elisabeth, Gemahlin Ludwigs IV., gebar hier ihren einzigen Sohn

SEHENSWÜRDIGKEIT

Schloßpark
Der reizvolle Landschaftspark (1846/52) stammt von Hermann Fürst von Pückler-Muskau und seinem Meisterschüler Eduard Petzold. Das Schloß, 1888/89 im Stil der Spätrenaissance umgebaut, brannte 1982 völlig aus, seitdem wartet es bis auf den heutigen Tag auf den Wiederaufbau. *Parkführungen tgl. 10.30, 15 Uhr, Tel. 036961/25 11*

MUSEUM

Kleines Schloßmuseum
Erwarten Sie nicht zuviel! Sie erfahren einiges zur Schloß- und Parkgeschichte und sehen Marmorplastiken, die während des Schloßbrandes 1982 gerettet werden konnten. *Mo–Fr. 9 bis 16 Uhr, Sa, So 13–17 Uhr.* Der kleine Museumsraum wurde im klassizistischen Hofmarschallamt (1803/04) eingerichtet, einer halbkreisförmigen Gebäudegruppe am Parkeingang.

MARCO POLO TIPS FÜR DIE UMGEBUNG

1 **Creuzburg**
Beliebter Aufenthaltsort der hl. Elisabeth (Seite 73)

2 **Drachenschlucht**
Romantisches Bachtal mit moosbedeckten Felshängen (Seite 75)

3 **Eisenach**
Auf den Spuren der hl. Elisabeth, Luthers und Bachs spazieren (Seite 75)

4 **Möhra**
Ausflug in das Dorf der Familie Luther (Seite 81)

AUSKUNFT

Kurverwaltung
Herzog-Georg-Str. 39, 36448 Bad Liebenstein, Tel. 036961/60, Fax 61 01

BERKA/WERRA

Jahrzehnte war die Zwergstadt (2900 Ew.) an der Werra abgeriegelt: Bis 1989 lag Berka im deutsch-deutschen Todesstreifen der DDR und durfte nur mit einer Sondergenehmigung betreten werden. Drei rote Türme im Stadtwappen weisen auf die ehemaligen Stadttore hin, von denen heute noch das barocke Untertor (1738) steht. Das kleine Berka konnte schon große Leute begrüßen: 1521 Martin Luther; 1547 Herzog Alba, der bei Mühlberg den Schmalkaldischen Krieg entschied, und 1813 Kaiser Napoleon. (A 4)

SEHENSWÜRDIGKEITEN

Alter Gasthof Stern
Das vermutlich älteste Fachwerkgebäude der Stadt. Am 1. Mai 1521 wurde in dem damaligen Gasthof Stern Martin Luther bewirtet, als er sich auf der Rückreise vom Reichstag in Worms befand. Zur Erinnerung hat man 1883 in einen Stein des Fundaments die Jahreszahl 1521 eingeschlagen. *Kirchstr. 3*

Fachwerkhäuser
Zu den schönsten gehören das Rathaus (1667) mit Türmchen, *Markt/Ecke Weingasse*, und die Storchenbäckerei (17. Jh.), *Markt 8*, auch Hessisches Haus genannt, weil in ihm einst der hessische Amtsvogt residierte. Die Bäckerei und das Storchennest, die einst diesem Fachwerkgebäude den Namen gaben, sind längst schon verschwunden.

AUSKUNFT

Stadtverwaltung
Markt 1, 99837 Berka/Werra, Tel. 036922/330

BRANDENBURG

Die größte Doppelburgruine Thüringens, die jahrzehntelang nicht betreten werden durfte: Die Brandenburg, 1173 erstmals urkundlich genannt, lag während der deutschen Teilung im Grenzgebiet. Nach dem Dreißigjährigen Krieg wurden die beiden

Burgen nicht mehr bewohnt, die Einwohner trugen Teile der Bauten als Baumaterial davon, bis der Großherzog von Sachsen-Weimar-Eisenach mit einem Erlaß im Jahr 1841 dem ein Ende setzte. Die Westburg ist am markanten Bergfried erkennbar, mehr zum Anschauen bietet allerdings die Ostburg. Der Burgberg und die Umgebung stehen unter Naturschutz, deshalb dürfen die Wege nicht verlassen werden. Der Blick von der Doppelburg auf die westliche Werra-Aue ist herrlich. (B2–3)

CREUZBURG

★ Die von bewaldeten Höhen umgebene Kleinstadt (2500 Ew.) entwickelte sich zu Füßen der gleichnamigen Burg (12. Jh.). Bereits 1213 verlieh Landgraf Hermann I. Creuzburg das Stadtrecht. Von der reichen Vergangenheit künden neben der Burg noch Reste der Stadtmauer (13. Jh.) und das Rathaus (14. Jh.). Das Werratal bewachen der Wisch (364 m) und der Brückenberg (314 m), von denen sich schöne Blicke bieten. (C2)

SEHENSWÜRDIGKEITEN

Creuzburg
In der romanischen Burganlage (1170), einer der Hauptsitze der Thüringer Landgrafen, schenkte Elisabeth, später heiliggesprochen, 1222 ihrem einzigen Sohn Hermann II. das Leben, der 1241 unerwartet starb, vermutlich an einer Dosis Gift. Bereits 1242 wurde die Burg als Residenz auf-

Über die Werrabrücke in Creuzburg ritten schon die Thüringer Landgrafen

gegeben. Sie beherbergt heute ein Hotel-Restaurant, das Burgmuseum und die Werkstatt des Töpfers Gottfried Naumann, dem Sie bei der Arbeit auf der Töpferscheibe oder beim Bemalen über die Schulter schauen dürfen.

Nikolaikirche
Einer der großartigsten Kirchenbauten Thüringens. Landgraf Hermann I. ließ den Sakralbau ab 1215 errichten. Die moderne Innenausstattung kam nach dem Zweiten Weltkrieg in die Kirche. *Klosterstr.*

Werrabrücke
Über die siebenbogige Brücke (1225) dürfte schon Ludwig IV. geritten sein. Der Landgraf ließ die Brücke, so erzählt die Legende, aus Freude und Dankbarkeit über die Geburt eines Nachfolgers erbauen. Sie gilt als älteste Steinbrücke nördlich des Mains. Als Kopfbau entstand die gotische Liboriuskapelle (1499). Den Innenraum schmücken Fresken (1523) mit Szenen aus dem Jüngsten Gericht, der Passion Christi und aus dem Leben der hl. Elisabeth.

MUSEUM

Burgmuseum
Informationen über die Geschichte der Creuzburg und Ausgrabungsergebnisse. Das Museum befindet sich im Zwischenbau (1534) und dem Turmhaus mit der Elisabethkemenate (12. Jh.), dem Wohnbereich der hl. Elisabeth, wenn sie nicht auf der Wartburg weilte. *Mo–Fr 10 bis 18 Uhr, Sa, So 10–18 Uhr, Creuzburg*

Im Mittelalter belebte ein Sonntagsmarkt den Platz vor Nikolaikirche und -tor

AUSKUNFT

Fremdenverkehrsbüro
Markt/Ecke Marktstr., 99831 Creuzburg, Tel. 036926/98047, Fax 380

DRACHENSCHLUCHT

★ Der romantischste Teil des Annatals, durch den der mit Rundhölzern abgedeckte Steinbach fließt. Die knapp 200 m lange dunkle Felsenschlucht, die an der schmalsten Stelle lediglich 86 cm mißt, wurde 1832 zugänglich gemacht. Moos bedeckt die bis zu 10 m überhängenden Felswände, an vielen Stellen rieselt Wasser darüber, besonders zahlreich und eindrucksvoll sind diese Rinnsale nach Regenfällen. Im Winter, wenn die Schlucht einem Palast aus Eiskristall gleicht, kann der Spaziergang sogar ein wenig gefährlich sein. Oft versperren den Weg umgestürzte Bäume, die wegen der steilen Hänge nur unter großen Mühen beseitigt werden können. Die Drachenschlucht gehört zum Naturschutzgebiet Wartburg-Hohe Sonne (595 ha), ein 3,5 km langer Rundwanderweg beginnt an der B 19. Im Felsen auf der rechten Seite ist seit 1833 ein großes »A« eingemeißelt. Es erinnert an die niederländische Kronprinzessin Anna, eine Schwester von Großherzogin Maria Pawlowna von Sachen-Weimar-Eisenach.

Westlich der Drachenschlucht verstecken sich die vier der Fischzucht dienenden Knöpfelsteiche im Wald, unweit davon plätschert das Wasser eines kleinen Rinnsals in die Tiefe, Elfengrotte wird dieser kleine Wasserfall genannt. (C 3–4)

EISENACH

★ Durch die Wartburg wurde Eisenach (48 000 Ew.) berühmt, doch haben auch viele große Geister die Stadt über die Landesgrenzen hinaus bekannt gemacht. Bauwerke erinnern an Johann Sebastian Bach, der in der Georgenkirche getauft wurde, und an Martin Luther, der bei der Familie Cotta wohnte, aber auch an Ernst Abbe, den in Eisenach geborenen Physiker und Mitbegründer der Zeiss-Werke in Jena. Goethe wohnte mehrfach im Eisenacher Stadtschloß, in dem seine Vertraute Charlotte von Stein 1742 geboren wurde. Im Haus Karlstr. 3, neben dem prachtvollen Fachwerkbau (1585) der ehemaligen Hofapotheke, war 1808 Napoleon zu Gast, und Mecklenburgs bekanntester Dichter Fritz Reuter wählte die Stadt als Altensitz. Ab Mitte des 19. Jhs. wurde Eisenach mehr und mehr Industriestadt, im 20. Jh. dominierte der Fahrzeugbau. 1928 übernahm BMW die Fahrzeugfabrik Eisenach, heute rollen hier Opel-Modelle vom Band. Zu DDR-Zeiten mußte auf den Pkw »Wartburg« von der Bestellung bis zur Auslieferung etwa 15 Jahre gewartet werden.

Entlang der Eisenbahnstrecke entstanden die Arbeiterwohnviertel, während sich die Wohlhabenden in Villen in der Südstadt niederließen, deren Pracht heute noch begeistert. (C–D 3)

SEHENSWÜRDIGKEITEN

Burschenschaftsdenkmal
35 m hoher Rundbau (1902) auf der Göpelskuppe zur Erinnerung an das Wartburgtreffen der Burschenschaften 1817.

Karlsplatz
Das Nikolaitor ist das einzige der einst fünf Eisenacher Tortürme, es war das höchste und stärkste von ihnen. Die *Nikolaikirche* daneben bekam ihr heutiges äußeres Aussehen 1886/87. Den Sockel des *Lutherdenkmals* (1895) von Adolf Donndorf in der Mitte des Platzes zieren drei Reliefs mit Szenen aus Luthers Eisenach-Aufenthalten, das Standbild zeigt Luther überlebensgroß.

Kartausgarten
Eine grüne Oase in der Stadt, zur Goethezeit als botanischer Garten angelegt. Den Straßenlärm schirmt die Wandelhalle (1906) ab. Sie blieb als Relikt des Kurbetriebes stehen, den Großherzog Wilhelm Ernst 1906 hier eröffnete und der 1938 endete. Ausgeschenkt wurde das Wasser der Karolinenquelle bei Creuzburg das über eine eigene Leitung bis nach Eisenach floß. An der südwestlichen Ecke des Parks, wenige Schritte von der Auffahrt zur Wartburg entfernt, steht das 1909 enthüllte Denkmal für den Wartburgerneuerer Carl Alexander.

Marktplatz
Das Herzstück des alten Eisenach mit der *Georgenkirche* (16. Jh.) an der Südseite. In deren Vorgängerbau wurden 1221 die nachmalige hl. Elisabeth und der spätere Landgraf Ludwig IV. getraut. In dem Gotteshaus, das in vier Jahrhunderten um- und ausgebaut wurde, hat 1521 Martin Luther gepredigt, wurde Johann Sebastian Bach 1585 getauft. Daran erinnert in der Vorhalle (1898–1902) das monumentale Standbild (1939) des Musikers. An den Chorwänden stehen zwölf Grabsteine thüringischer Landgrafen und ihrer Gemahlinnen, die 1952 aus Reinhardsbrunn hierher überführt wurden. Der Grabstein von Ludwig dem Springer verzeichnet das Todesjahr 1123, daneben der Stein seiner Gemahlin Adelheid. Vor dem Portal der Kirche krönt der vergoldete Drachentöter St. Georg den *Marktbrunnen* (1549). An der Ostseite des Platzes steht der Rest des *Renaissancerathauses* (1508/1564), das im Zweiten Weltkrieg zerstört wurde. Die Nordseite des Platzes nimmt das spätbarocke *Stadtschloß* (1742 bis 1751) mit einer schmucklosen Rokokofassade ein.

MUSEEN

Automobilbau-Museum
Dreizehn in Eisenach produzierte Originalfahrzeuge besitzt das Museum, darunter die beiden ältesten Modelle, den Wartburg-Motorwagen von 1898 und den Dixi R 8 von 1907. Auch die zu DDR-Zeiten produzierten Zweitakt-Modelle sind in dem neuen Ausstellungsraum zu sehen. *Friedrich-Naumann-Str./Ecke Rennbahn 8*

Bachhaus
Der Besucher sieht, wie eine bürgerliche Familie zu Zeiten Johann Sebastian Bachs gelebt hat. Ausführlich wird über Leben und Werk des Komponisten informiert, das Museum besitzt mehr als 300 historische Musikinstrumente. Zu seinem Namen kam das bereits um 1590 urkundlich erwähnte Haus, weil man es der mündlichen Überlieferung zufolge für das Geburtshaus von Bach hielt. *April–Sept. Mo 12 bis 17.45 Uhr, Di–So 9–17.45 Uhr, Okt.*

bis März Mo 13–16.45 Uhr, Di–So 9–16.45 Uhr, Frauenplan 21

Gedenkstätte »Goldener Löwe«
1869 war der Saal der Gaststätte *Goldener Löwe* Veranstaltungsort des »allgemeinen deutschen sozialdemokratischen Arbeiterkongresses«, zu dem Delegierte aus Deutschland, Österreich und der Schweiz zusammenkamen, unter ihnen August Bebel und Wilhelm Liebknecht. Auf dem Kongreß gründete man die Sozialdemokratische Arbeiterpartei. Gezeigt wird als Dauerleihgabe der Friedrich-Ebert-Stiftung die Ausstellung »August Bebel 1840–1913, ein Großer der deutschen Arbeiterbewegung«. *Mo, Di, Do, Fr 9 bis 16 Uhr, Marienstr. 57*

Lutherhaus
In dem Fachwerkhaus soll Martin Luther während seiner Eisenacher Schulzeit (1498–1501) gewohnt haben. In den vergangenen Jahrhunderten wurden meh-

Musik erklingt im Bachhaus heute nach (elektronischem) Knopfdruck

rere Umbauten vorgenommen, so stammen Fachwerkgeschoß und Mansardendach aus dem 17. Jh. In der großen Halle ist die Ausstellung »Der junge Luther – Werden eines Reformators« zu sehen, im Obergeschoß mit den beiden Lutherstübchen wird über die Bedeutung des Pfarrhauses für die Wissenschaft und Kultur im deutschen Sprachraum informiert. *Okt.–April Mo–Sa 9 bis 13 Uhr, 14–17 Uhr, So 14 bis 17 Uhr, Mai–Okt. tgl. 9–13 Uhr, 14–17 Uhr, Lutherplatz 8*

Thüringer Museum

Das Thüringer Museum besteht aus den folgenden drei Abteilungen, die gemeinsam verwaltet, aber in drei verschiedenen Gebäuden untergebracht und zu besuchen sind: *Predigerkirche:* In der 1240 vollendeten Kirche, die Landgraf Heinrich Raspe zu Ehren seiner Schwägerin, der hl. Elisabeth, erbauen ließ, fanden 300 Jahre Gottesdienste statt, danach diente sie als Lagerraum. Bereits an der Wende zum 20. Jh. baute man die Kirche zum Museum um, in dem die Ausstellung »Mittelalterliche Kunst in Thüringen« gezeigt wird. *Di–So 9–17 Uhr, Predigerplatz 1*

Reuter-Villa mit Richard-Wagner-Sammlung: In der Villa (1866–68) im italienischen Neorenaissancestil verbrachte der mecklenburgische Dichter Fritz Reuter seinen Lebensabend. Im ursprünglichen Zustand verblieben sind weitgehend das Arbeitszimmer, das Nähstübchen sowie der Salon und das Schlafzimmer. An der Eingangstür warnt wie einst ein Schild: »Dr. Fritz Reuter. Morgens nicht zu sprechen.«

1895 kam durch einen Ankauf aus Wien eine Wagnersammlung in das Haus, sie ist nach der Sammlung in Bayreuth die umfangreichste und wertvollste. Kernstück bildet eine ca. 6000 Bände umfassende Richard-Wagner-Bibliothek. *Di–So 10–17 Uhr, Reuterweg 2*

Schloß: Das Museum besitzt bedeutende kunsthandwerkliche und volkskundliche Sammlungen. Die Porzellansammlung, die rund 1800 Erzeugnisse thüringischer Porzellanmanufakturen vom 18. Jh. bis zur Gegenwart umfaßt, gehört zu den schönsten und umfangreichsten im Osten Deutschlands. Wegen Restaurierungsarbeiten wird gegenwärtig nur eine Foyer-Ausstellung gezeigt. *Di–So 10–17 Uhr, Markt 24*

AUSKUNFT

Eisenach-Information

Bahnhofstr. 3–6, 99817 Eisenach, Tel. 03691/690 40, 761 62, Fax 761 61

GERSTUNGEN

Die Ausläufer der Rhön und des Thüringer Waldes begrenzen den Ort, der es trotz seiner 4000 Ew. bis heute nicht zur Stadt brachte. Viele hübsche Fachwerkhäuser können bewundert werden, darunter der Boyneburgsche Hof (um 1700) am Markt. In den Jahren der deutschen Teilung war Gerstungen als wenig geliebte Grenzstation (Eisenbahnübergang) bekannt. (A 3)

SEHENSWÜRDIGKEITEN

Pfarrkirche

1994 restauriert, mit spätgotischem Chor (15. Jh.), Renaissance-Langhaus (16. Jh.) und bleiverglasten Fenstern aus dem vorigen Jh. Wertvolle Ausstattungsstücke sind die Predigt- und die Lesekanzel, ebenso die barocke Orgel.

Schloß
Erbaut in der ersten Hälfte des 17. Jhs. beherbergt es heute Kinderkrippe, Kindergarten und Heimatmuseum. *Sophienstr.*

MUSEUM

Heimatmuseum
Kultur und Lebensweise sowie Natur und Umwelt der Region. Hübsch anzuschauen sind die Töpferwaren der sog. Werra-Keramik. *Di–Fr 9.30–11.30, 14–16 Uhr, Sophienstr. (im Schloß)*

AUSKUNFT

Gemeindeverwaltung
Wilhelmstr. 53, 99834 Gerstungen, Tel. 036922/203 30, Fax 209 62

FRIEDRICHRODA

Die Stadt (6000 Ew.) ist einer der bekannten Ferienorte Thüringens, bereits Mitte des 19. Jhs. kamen die ersten Erholungssuchenden. Heute zählt es zu den Thüringer Heilbädern. Mehr als 100 km markierte Wanderwege führen zu den Bergen der Umgebung, auch zu den Resten der Schauenburg in 633 m Höhe südwestlich von Friedrichroda; an den einstigen Stammsitz der Thüringer Landgrafen erinnern aber nur noch einige große Felsbrocken. Von Friedrichroda bringt Sie die Thüringerwaldbahn, eine Überlandstraßenbahn, nach Gotha und nach Tabarz. (O)

SEHENSWÜRDIGKEITEN

Marienglashöhle
Größte und wohl auch schönste Kristallhöhle Europas, um 1770 für den Erzbergbau angelegt. Benannt ist sie nach dem Marienglas, einer seltenen Form von durchsichtigen Gipskristallen, mit denen im 18. und 19. Jh. die Marienbilder verziert wurden. Die Höhlentemperatur beträgt konstant 8 Grad Celsius. *Führungen (Dauer 30 Min.) tgl. 9–16 Uhr, 15. April–Sept. bis 17 Uhr*

Schloß Reinhardsbrunn
Das einstige Jagdschloß der Herzöge von Sachsen-Coburg umgibt ein großer Landschaftspark. Das neogotische Bauwerk ging aus dem 1085 von Ludwig dem Springer gegründeten Kloster hervor, das Martin Luther um 1520 bei Ausflügen von der Wartburg aus besucht haben soll. Das Kloster war Begräbnisstätte der Thüringer Landgrafen, die figürlichen Grabsteine stehen seit 1952 in der Eisenacher Georgenkirche. Im Schloß befindet sich heute ein Hotel.

AUSKUNFT

Kurverwaltung
Marktstr. 13–15, 99894 Friedrichroda, Tel. 03623/45 75, Fax 20 06 94

HÖRSELBERGE

Höhlen, Quellen, steile Hänge und viel Wald laden zum Wandern ein und zum Fabulieren. Seit Jahrhunderten gehören die Hörselberge zur Sagenwelt, die berühmteste Sage erzählt vom Minnesänger Tannhäuser, der in einer Höhle bei Frau Venus gelebt hat. Zur Venushöhle, einer durch Wasser ausgespülten etwa 10 m langen Felsspalte im Muschelkalk, führt vom Großen Hörselberg (484 m) der mit roten Balken markierte Wanderweg. Die Venushöhle ist der Eingang zum unterirdischen Liebesschloß der Frau Venus, so die Sage. Ein Bild in Richard Wagners Oper »Tannhäuser und der Sängerkrieg auf Wartburg« spielt im »Inneren des Hörselberges bei Eisenach«, wo Venus und Tannhäuser sieben Jahre lang Lust und Vergnügen genossen. Diese Geschichte gefiel auch König Ludwig II. von Bayern, der 1867 mit Bruder und Adjutanten die Höhle aufsuchte.

★ Auf dem Großen Hörselberg (484 m), der steil zum Hörseltal abfällt und einen überwältigenden Blick bietet, steht seit 1889/90 ein Schutzhaus, der heutige *Berggasthof Hörselberghaus.* Die 1928 entdeckte Felsspalte in der Nähe bekam auf Vorschlag des damaligen Wirtes den Namen Tannhäuserhöhle. Der Kleine Hörselberg (426 m) birgt die erst 1982 entdeckte Wagnerhöhle. Wer auf dem Kamm der Hörselberge entlangwandern möchte, nimmt den mit grünen Balken markierten Weg. (D–E 3)

KITTELSTHAL

Kleiner Ort am nordwestlichen Rand des Thüringer Waldes, umgeben von Höhen, die mit Buchenwald und Wiesen bedeckt sind. Bis 1958 wurde am Kittelsthaler Dorfrand Gips abgebaut, Relikte dieser Zeit sind Reste eines Brennofens, die Kalkmühle und der Kalkhausteich. (D 4)

SEHENSWÜRDIGKEIT

Tropfsteinhöhle
In 58 m Tiefe wachsen hier jährlich die Tropfsteingebilde um etwa 0,25 mm. Den phantasieanregenden Formen entsprechend benannte man die Gewölbe Domgrotte und Wolfsschlucht. 1992 wurde die Höhle wieder eröffnet, nachdem bereits von 1896–1968 Besucher auf dem 90 m langen Schrägstollen in den Berg gehen durften. *Führungen Di bis Fr 9–17 Uhr, Sa, So 10–18 Uhr, die Zufahrt ist ausgeschildert, Tel. 036929/33 18*

AUSKUNFT

Fremdenverkehrsamt
Hauptstr. 79, 99843 Kittelsthal, Tel. 036929/865 30

LANDGRAFEN-SCHLUCHT

Steil aufragende Felswände, ein plätschernder Bach, Farne, Moos und darüber der Hochwald, dessen Bäume die Schlucht überdachen. Damit sie an ihren schmalsten Stellen passiert werden kann, wurde der Bach mit Holzbohlen überdeckt. An heißen Sommertagen ist es in der Schlucht angenehm frisch. Im Winter tropfen von den Felswänden Wasserperlen und erstarren zu bizarren Eisgebilden. Der Wanderweg durch die Schlucht beginnt an einem Rastplatz an der B 19, zwei Kilometer vom Prinzenteich im Marienthal entfernt. Ein gewaltiger Felsen mit einer Oberforstrat Dr. Gottlob König gewidmeten Gedenktafel läßt die Stelle nicht verfehlen.

Der Prinzenteich, zum Feuerlöschen angelegt, kam Mitte des 19. Jhs. zu seinem Namen, weil auf ihm die Söhne der Herzogin von Orleans Schlittschuh liefen. Die Herzogin lebte nach ihrer Ausweisung aus Frankreich im Eisenacher Stadtschloß. Das Marienthal, vom Marienbach durchflossen, ist benannt nach der Großherzogin Maria Pawlowna. (D 4)

LUTHERGRUND

Am 14. Mai 1521 wurde nahe der heutigen Straße Bad Liebenstein –Ruhla der Überfall auf Martin Luther vorgetäuscht. Der Kurfürst von Sachsen, Friedrich der Weise, ließ den mit Reichsacht und päpstlicher Bannbulle belegten Luther in Sicherheit bringen. Ein Schild weist an der Straße zum fast acht Meter hohen Lutherdenkmal. Es steht seit 1857 an der Stelle, an der die Kutsche mit dem Reformator gestoppt wurde. (D 5)

MIHLA

Ein schönes Fachwerkdorf (2700 Ew.) am rechten Werra-Ufer. Von den einst drei Schlössern, die die Lehnsherren von Harstall im 15. und 16. Jh. erbauten, sind zwei erhalten. Östlich von Mihla der Hainich, ein langgestreckter Bergrücken mit vielen Wanderwegen und schönen Fernsichten zum Thüringer Wald und zur Rhön. (D 1)

SEHENSWÜRDIGKEITEN

Dorfkirche
In der Barockzeit (1711) erbaut, die drei Glocken des Gotteshauses hängen in einem offenen Glockenturm aus Fachwerk daneben. *Am Anger*

Graues Schloß
Der Renaissancebau mit Turm im unteren Ortsteil, auch als Blaues Schloß bezeichnet, entstand 1536–60 als Wasserburg. Die Gräben wurden bereits Mitte des 19. Jhs. gefüllt. Heute wird es als Hotel-Restaurant genutzt. *Thomas-Müntzer-Str.*

Rotes Schloß
Einer der größten Renaissance-Fachwerkbauten in der Region, deshalb auch Großes Schloß genannt. Das dreigeschossige Bauwerk (1581) mit achteckigem Turm, reichgeschmücktem Portal und drei Erkern wird als Seniorenheim genutzt. Es steht im oberen Ortsteil. *Eisenacher Str./Ecke Eisfeldstr.*

AUSKUNFT

Heimat- und Verkehrsverein
Marktstr. 18, 99826 Mihla, Tel. 036924/21 01

MÖHRA

★ Martin Luthers Vater stammt aus Möhra (550 Ew.), Luther predigte am 4. Mai 1521 in Möhra auf dem heutigen Lutherplatz. Sicherlich ist er auch während seiner Eisenacher Schulzeit (1498–1501) mehrmals nach Möhra gekommen, um seine Großmutter zu besuchen. Vom Erbhof, auf dem die Eltern Luthers lebten, blieb das schlichte Fachwerkhaus (1618) unterhalb der Kirche. Es ist der von Hans Luther errichtete Nachfolgebau des Luther-Stammhauses.

SEHENSWÜRDIGKEITEN

Dorfkirche
In einer kleinen Ausstellung werden verschiedene Erinnerungsstücke an Luther gezeigt, ferner wird über die Lutherfeiern in Möhra informiert. *Tgl. 9–18 Uhr.* Die Kirche wurde 1705 anstelle einer kleinen Kapelle errichtet. Von dieser gelangte die steinerne Tischplatte des Altars mit fünf eingehauenen Weihekreuzen in den Nachfolgebau. Die Malereien an den Emporebrüstungen entstanden 1724, die illusionistischen Malereien an der Holztonnendecke 1794. *Lutherplatz*

Luther-Denkmal
Der Doktor der Theologie wird überlebensgroß mit der aufgeschlagenen Bibel in der Hand gezeigt. Die drei Reliefs des in Nürnberg gegossenen Denkmals (1861) von Ferdinand Müller und Daniel Burgschmiet zeigen den Thesenanschlag in Wittenberg 1517, die Gefangenennahme bei Altenstein 1521 und Luther bei der Bibelübersetzung auf der Wartburg 1521/22. *Lutherplatz*

AUSKUNFT

Gemeindeverwaltung
Turkstr. 5, 36433 Möhra, Tel. 03695/841 65

RENNSTEIG

Der beliebteste Wanderweg Thüringens muß nicht von Anfang bis Ende gelaufen werden, denn er wird oft von Straßen mit Parkplätzen gekreuzt, die Zwischenetappen erlauben. Wartburg-Besucher gehen von der Zugbrücke der Burg auf dem al-

Rennsteig? Ja. Hetzen? Gottbewahre!

ten Kurierweg der Landgrafen zum Rennsteig, vorbei an der Sängerwiese und dem 1483 aufgestellten Steinkreuz *Wilde Sau.* An der Hohen Sonne kreuzt die B 19 den Rennsteig. 1743–47 entstand hier ein Jagdschlößchen, dessen Turm eine goldene Sonne aus Metall zierte. Bereits zu Beginn des 19. Jhs. wurde die Hohe Sonne Gasthaus. Das heutige, 1900 erbaute Gebäude steht seit Jahren leer und wartet auf seine Restaurierung. Ein Imbiß jedoch ist vorhanden. Vom Wartburg-Blick, einer wenige Schritte entfernten Waldschneise, sind es 4 km bis zur berühmten Burg. Wer keine Lust hat zurückzuwandern: Von der Hohen Sonne fährt ein Linienbus nach Eisenach, der an den Wartburg-Parkplätzen im Marienthal hält.

Möchten Sie mehr von der Wartburg-Umgebung kennenlernen, dann schlagen Sie die 14 km lange Wanderroute ein, vom Rennsteigbeginn in Hörschel bis zur Hohen Sonne. Sie führt am Haflinger Hof am Clausberg und am Waldparkplatz Vachaer Stein vorbei, an dem vier Rundwanderwege von 2,4 und 8 km Länge beginnen. Unterwegs genießen Sie mehrere schöne Ausblicke auf die Wartburg. Der Rennsteig ist überall gut mit einem weißen »R« markiert.

Insgesamt hat der vielbesungene Wanderweg von Hörschel an der Werra bis Blankenstein an der Saale eine Länge von 168 km. Zu DDR-Zeiten waren nur 115 km begehbar, da beide Enden im Grenzgebiet verliefen und ein 14 km langer Teil durch bayerisches Gebiet führt. Als »Rynnestig« gab es den Weg schon 1330, in 700 bis 900 m Höhe führt er über dem Kamm des Thüringer Waldes und des angrenzenden Thüringer Schiefergebirges. Der Name Rennsteig, so meinen Forscher, leite sich vom Wort »rennen« ab, weil man auf diesem Bergpfad schnell vorankam. Zur Popularität des beliebten Wanderweges trug das Rennsteiglied von 1951 des Suhlers Herbert Roth bei, »Ich wandre ja so gerne am Rennsteig durch das Land«, Thüringens beliebtestes Volkslied. (C–F 2–6)

RUHLA

Auf der Wartburg werden Sie auch von der Sage »Der Schmied von Ruhla« hören. Dieses Ruhla gibt es wirklich, es ist ein Städtchen (7000 Ew.) südöstlich der Burg, bekanntgeworden durch das Schmiedehandwerk, später dann durch die Pfeifen- und Uhrenherstellung. Der durch Ruhla fließende Erbstrom wurde 1640 zur Ländergrenze: Er trennte bis 1920 Sachsen-Weimar-Eisenach und Sachsen-Gotha. Heute ist von dem Bach kaum noch etwas zu sehen, meist fließt er unterirdisch. Um die langgestreckte Stadt führt ein Rundweg, er ist 11,5 km lang und mit grünen schrägen Balken markiert. (D 4–5)

SEHENSWÜRDIGKEITEN

Alexanderturm

Aus 21 m Höhe haben Sie einen schönen Rundblick. Benannt wurde der stählerne Turm (1897) auf dem Ringberg (639 m) nach Großherzog Carl Alexander. Panoramatafeln am Geländer der Plattform erläutern die Rundsicht. Der Ringberg erhebt sich nordwestlich von Ruhla.

Kirchen

Die lange Teilung der Stadt hat zwei Kirchen hinterlassen. Im Osten die *St.-Trinitatis-Kirche*, die zu Gotha gehörte. Im Westen die frühbarocke *Concordiakirche* mit Glasmosaikfenstern zur Sage vom Schmied von Ruhla, die auf eisenachischem Gebiet lag. Diese Kirche besteht aus zwei im rechten Winkel angeordneten Schiffen, der »Männerkirche« im Westen und der »Weiberkirche« im Süden. *In der Köhlergasse und An der Gottesgabe*

MUSEUM

Heimatmuseum

In dem hübschen, fast 300 Jahre alten Fachwerkbau werden u.a.

eine Messerschmiede und der Arbeitsplatz des letzten Ruhlaer Porzellanpfeifenmalers gezeigt. *Di–Fr 9–12, 13–16 Uhr, So 13.30–17 Uhr, Obere Lindenstr. 30–31*

AUSKUNFT

Fremdenverkehrsamt
Carl-Gareis-Str. 2–4, 99842 Ruhla, Tel. 036929/23 11

SÄNGERWIESE

Hochwald umgibt die Wiese westlich des Eisenacher Marienthals. Auf ihr versammelte sich 1847 der Thüringer Sängerbund mit Sängern aus vielen Ländern Deutschlands. Anlaß war die Einweihung der Eisenbahn Halle–Erfurt–Eisenach. Der Wanderweg von der Wartburg zur Drachenschlucht führt an der Sängerwiese und der gleichnamigen Gaststätte vorbei. Von der B 19 sind es etwa 15 Min. zu Fuß, von der Wartburg 30 Min. (C 4)

SCHWEINA

Auf Martin Luther und den Pädagogen Friedrich Fröbel ist man in Schweina (400 Ew.) stolz. Luther kehrte auf der Rückreise vom Reichstag in Worms in Schweina ein, Fröbel (1782 bis 1852) gründete 1840 im Marienthaler Schlößchen die erste Kindergärtnerinnenschule in Deutschland. Der Pädagoge, ein Schüler Johann Heinrich Pestalozzis, wurde weithin durch seine Spiel- und Beschäftigungsmittel für Kinder – Kugel, Würfel, Walze und Stäbchen – bekannt. Das sich nördlich von Schweina im Wald versteckende Holzhaus im Schweizer Stil (1868–71) ließ sich der Meininger Herzog Georg II. als Jagdhaus erbauen (der Ausschilderung Waldhotel Forsthaus Kissel folgen, das neben dem Jagdhaus entstand). (D 6)

SEHENSWÜRDIGKEIT

Altensteiner Höhle
240 Mio. Jahre alt ist vermutlich die Höhle am Fuße des gleichnamigen Berges. Die begehbaren Höhlenwege haben eine Länge von 270 m. *Führungen (Dauer 30 Min.) Mai–Sept. Mo–Mi, Fr 10–16 Uhr, Sa, So bis 17 Uhr, Okt.–April Mo–Mi, Fr 10–12, 13–17 Uhr, Sa, So 10–17 Uhr, zweite Oktoberhälfte geschl., Altensteiner Str., Tel. 036961/12 16*

AUSKUNFT

Informationsbüro
August-Bebel-Str. 12, 36448 Schweina, Tel. 036961/36 20, Fax 3 62 20

THAL

Auf halbem Weg zwischen Großem Inselsberg und Wartburg liegt das von Bergen umsäumte Dorf (2100 Ew.). Ausgedehnte Buchen- und Fichtenwälder ziehen sich bis an die ersten Häuser heran, viele mit schönem Fachwerk. Im Sommer lädt ein Freibad zu Badespaß. Die ausgeschilderten Wanderwege um Thal haben eine Länge von etwa 120 km. (D 4)

SEHENSWÜRDIGKEIT

Ruine Scharfenberg
Das Wahrzeichen von Thal, das von Wald verdeckt das Dorf

überragt. 1137 erstmals genannt, 1447 zerstört, blieben Bergfried, Mauerreste und ein großes Tor erhalten.

AUSKUNFT

Fremdenverkehrsamt
Am Park 19, 99843 Thal, Tel. 036929/20 71, Fax 31 36

TREFFURT

Idyllische Kleinstadt (6500 Ew.) am Unterlauf der Werra, eingebettet zwischen Wiesen, Wald und den Südhängen des Sülzenberges (361 m) und der Adolfsburg (378 m). Im Stadtzentrum mit verwinkelten Gäßchen und Kopfsteinpflaster dominieren prächtige Fachwerkhäuser. Sie sollen nicht versäumen, die gepflasterte steile Bergstraße hochzusteigen, von deren Ende sich ein schöner Blick auf das Städtchen bietet. In großen Teilen blieb die Stadtmauer erhalten. Westlich des Ortsteils Schellmannshausen erhebt sich der

Treffurts Rathaus, ein Fachwerkbau aus der Renaissance

Heldrastein (503 m), ein besonders schöner Aussichtspunkt Thüringens. (0)

SEHENSWÜRDIGKEITEN

Bonifatiuskirche
Romanische und gotische Architektur schmückt den Sakralbau, der im 19. und 20. Jh. erneuert wurde. Durch zahlreiche Säulen hoben die Bauleute die Portale hervor. *Kirchstr.*

Burg Normannstein
Mittelalterliche, überwiegend romanische Burganlage (11./12. Jh.) hoch über der Stadt, die ab dem 16. Jh. verfiel, bis auf zwei Wohntürme, den Palas und den runden Bergfried in der Hofmitte.

Fachwerkhäuser
Zu den schönsten Fachwerkhäusern gehören der Mainzer Amtshof mit Mainzer Hoftor (um 1550), der ab 1815 dem ersten Landrat des Kreises Mühlhausen als Sitz diente. *Torstr./Ecke Bergstr.* Das ruinöse Falkenstein-Gefangenenhaus, auch Hessischer Hof genannt (16. Jh.), mit einem großen Erker, diente lange Zeit als Gefängnis. *Brunnenstr./Ecke Torstr.* Der Sächsische Hof (17. Jh.) besitzt an der Rückseite einen aus Feldsteinen gemauerten Wehrturm. *Bildhäuschen/Ecke Pilgrammweg.* Schöne Fachwerkhäuser zieren auch die *Puschkin- und Hessische Str.*

Rathaus
Das schönste Rathaus weit und breit. Der Renaissance-Fachwerkbau mit viergeschossigem Turm entstand im 16. Jh. *Rathausstraße*

MUSEUM

Heimatmuseum
Lebensweise und Handwerk aus früheren Zeiten. Breiten Raum nimmt der einst in Treffurt beheimatete Tabakanbau ein. Geöffnet nach vorheriger Anmeldung über *Tel. 036923/224, Burgstieg 1 a*

AUSKUNFT

Stadtverwaltung
Rathausstr. 12, 99830 Treffurt, Tel. 036923/224, Fax 250

WALTERSHAUSEN

Die Stadt (13 000 Ew.) gilt als eines der Eingangstore in den Thüringer Wald. Von der Stadtbefestigung blieben das *Klaustor* (1390) und der *Töpferturm* (1474) erhalten. In Waltershausen machte Martin Luther während seiner Reise zur Tagung des Schmalkaldischen Bundes Station, Unterkunft nahm er in einem Haus am Markt. (O)

SEHENSWÜRDIGKEIT

GutsMuths-Gymnastikplatz
Johann Christoph Friedrich GutsMuths führte das Schulturnen ein, 1793 gab er das Lehrbuch »Gymnastik für die Jugend« heraus. Der von ihm angelegte Waldturnplatz blieb erhalten, die damals üblich gewesenen Turngeräte wurden rekonstruiert. Die benachbarte Erziehungsanstalt von Christian Gotthilf Salzmann, an der GutsMuths wirkte, war seinerzeit eine der modernsten Schulen. Zur Ausbildung gehörten neben wissenschaftlichen Fächern Gartenarbeit, die Vermittlung von handwerklichen

Fähigkeiten und sportliche Übungen. Auf dem Waldfriedhof die Grabstätten der Pädagogen GutsMuths und Salzmann. *Im Ortsteil Schnepfenthal*

MUSEUM

Heimatmuseum
Zu sehen sind Trachten des mittleren und westlichen Thüringer Waldes, eine Bauernstube sowie in Waltershausen hergestellte Puppen. Das Museum wurde im Schloß Tenneberg eingerichtet, das sein heutiges Aussehen 1714–29 erhielt und mit fabelhaften barocken Decken- und Wandmalereien geschmückt ist. *Nov.–März Mi–So 9–12, 13 bis 16 Uhr, Mai–Okt. auch Di.*

AUSKUNFT

Stadtinformation
Hauptstr. 17–19 (am Klaustor), 99880 Waltershausen, Tel. 03622/630 48, Fax 25 55

WILHELMSTHAL

Vom Schwalbennest-Felsen nordwestlich des Wilhelmsthaler Sees bietet sich ein schöner Blick auf die idyllische Landschaft, die in Goethes Roman »Die Wahlverwandtschaften« (1809) erkennbar ist. Der Schwalbennest-Felsen entspricht der »Mooshütte« im Roman. Der Wilhelmsthaler See (8,6 ha) entstand 1712 durch Aufstauung; Ruderbootverleih *Di–Fr 11–18 Uhr, Sa, So bis 19 Uhr.* Das Jagdschloß (1712–19; keine Innenbesichtigung) ließ sich Herzog Johann Wilhelm bauen. 1947 wurde in ihm das erste Kinderdorf für elternlose Kinder im Osten Deutschlands eingerichtet. Im Schloßsaal mit einer hervorragenden Akustik musizierten Georg Philipp Telemann und später Franz Liszt vor dem Weimarer Hof. Das Schloß ist gegenwärtig in desolatem Zustand; vom Park, einst von Hofgärtner Hermann Jäger und von Hermann Fürst von Pückler-Muskau entworfen, sind nur noch Reste vorhanden. Etwa 1 km südlich von Wilhelmsthal liegt der Altenberger See. (C 4)

WUTHA-FARNRODA

Die Großgemeinde (7200 Ew.), eingebettet im Hörsel- und Erbstromtal, erstreckt sich am Fuße der Hörselberge. Die Kerne beider Ortsteile prägen zum großen Teil guterhaltene Fachwerkhäuser. (D 4)

SEHENSWÜRDIGKEITEN

Laurentiuskirche
Bemerkenswert, weil in dieser Form selten anzutreffen: Hinter der Kirche, die ihr heutiges Aussehen 1667 bekam, steht der aus Feldsteinen gemauerte und mit einem verbretterten Obergeschoß versehene Glockenturm. *Kirchplatz*

Wasserburg
Turm und ein Teil des ruinös gewordenen Palas (14. Jh.) bilden den Rest der Wasserburg. Schön dagegen zeigt sich der anschließende Schloßpark, auf dessen Teich gerudert werden kann.

AUSKUNFT

Fremdenverkehrsverein
Hauptstr. 7, 99848 Wutha-Farnroda, Tel. 036921/910 37

Von Auskunft bis Wetter

Hier finden Sie die wichtigsten Adressen und Informationen für Eisenach und die Wartburg

AUSKUNFT

Wartburg-Informationszentrum
Mo–Fr 9–17 Uhr, Sa, So 10 bis 15 Uhr, Schloßberg 2, 99817 Eisenach, Tel. 03691/770 72, 770 73, Fax 770 72

Wartburg-Stiftung Eisenach
Auf der Wartburg, 99817 Eisenach, Tel. 03691/25 00, Fax 20 33 42

Eisenach-Information
Mo 10–18 Uhr, Di–Fr 9–18 Uhr, Sa 10–14 Uhr, Bahnhofstr. 3–5, 99817 Eisenach, Tel. 03691/761 62, 48 95, 690 40, Fax 761 61

Wenn nichts anderes angegeben, gilt die Vorwahl von Eisenach: 03691

APOTHEKEN

Am Nikolaitor, *Bahnhofstr. 6, Tel. 713 06*; Annenapotheke, *Katharinenstr. 10, Tel. 713 24*; Frauenberg-Apotheke, *Frauenberg 8–10, Tel. 721 73*; Hufeland-Apotheke, *Am Gebräun 2, Tel. 49 41*; Neue Apotheke, *Karl-Marx-Str. 4, Tel. 20 35 05*; Ost-Apotheke, *Bahnhofstr. 29, Tel. 20 32 42*; Rats-Apotheke, *Karlstr. 1, Tel. 62 48 09*; Sophien-Apotheke, *Querstr. 41, Tel. 21 50 60*; Stadt-Apotheke, *Karlstr. 52, Tel. 20 30 34*; Wartburg-Apotheke, *Nordplatz 23, Tel. 21 36 03*

AUTOVERMIETUNG

Autohaus Steinhardt, *Herrnmühlstr. 29, Tel./Fax 62 51 33*; Buchbinder, *Mühlhäuser Str. 10, Tel. 36 48*; CC-Autovermietung, *Mühlhäuser Str. 15, Tel. 62 51 37, Fax 21 30 84*; Europcar/Interent, *Mühlhäuser Str. 141, Tel. 62 49 27, Fax 62 49 27*; Hohmann, *Katharinenstr. 142; Tel. 775 55*; Kussberger, *Erdbeerweg 23, Tel./Fax 726 88*; Maier-Rehm, *Wilhelm-Rinkens-Str. 1, Tel. 24 02 40, Fax 761 24*; Reisezentrum Deutsche Bahn AG Rail & Road, *Hauptbahnhof, Tel. 62 49 27*

BADEN

Freibad
Mai–Sept. tgl. 9–20 Uhr, Sport- und Freizeitzentrum An der Katzenaue

Volksschwimmhalle
Mo 13–14 Uhr, Di 13–17 Uhr, Mi 20–22 Uhr, Do 12–22 Uhr, Fr 11–15 Uhr, Sa 8–16 Uhr, So 9 bis 13 Uhr, Sport- und Freizeitzentrum An der Katzenaue

BUSVERKEHR

Die Buslinie 10 verkehrt von Mai bis Okt. zwischen Hauptbahnhof – Wartburg (über Prinzenteich, Liliengrund): *ab Hauptbahnhof Mo bis Fr 9, 11, 12, 14, 16, 17 Uhr, Sa, So, Feiertage 9.30, 10.15, 11.15, 13.15, 14.15, 15.15, 16.15, 17.15 Uhr; ab Wartburg: Mo–Fr 9.15, 11.15, 12.15, 14.15, 16.15, 17.15 Uhr, Sa, So, Feiertage 9.45, 10.30, 11.30, 13.30, 14.30, 15.30, 16.30, 17.30 Uhr.*

Im Stadtverkehr Eisenach fahren noch weitere elf Linien, dazu kommt von Mai bis Okt. eine Ausflugslinie zur Hohen Sonne. Mit dem Autobus (ab Busbahnhof Müllerstr.) sind folgende Ausflugsziele zu erreichen: Bad Liebenstein über Wilhelmsthal; Kleiner Inselberg über Brotterodei Eschwege über Ceuzburg; Treffurt; Hörschel; Mühlhausen; Ruhla; Lauchröden (zur Brandenburg). Die preisgünstigen Wartburg-Urlauberkarten gibt es beim Busfahrer oder an der Standkasse gegenüber dem Bahnhof. *Auskunft: Verkehrsgesellschaft Eisenach mbH., Tel. 73 29 72, 53 21, Fax 754 79*

ESELRITT

Unterhalb der Wartburg (direkt an der Wartburgchaussee), dort wo sich die meisten Wanderwege treffen, befindet sich die Eselstation. *Im April nur am Wochenende, von Mai bis meist Mitte Okt. von 9–16 Uhr,* tragen die Esel Kinder und Leichtgewichte (bis zu 60 kg) fast bis zum Burgeingang.

FOTOGRAFIEREN

Der Burgfotograf hält von Mai bis Okt. im ersten Burghof (fast) jeden Wartburgbesucher auf dem Farbfilm fest. Nach einer Stunde liegen die Fotos am Museumsausgang zum Kauf bereit. Filme für die eigene Kamera gibt's im Souvenirgeschäft.

FUNDBÜRO

August-Bebel-Str. 6, Tel. 67 03 19

GELDAUTOMATEN

Karlsplatz 23 (Deutsche Bank); Karlstr. 14–16, Karlsplatz 8, Georgenstr. 19, Nordplatz 1, Rebhanstr. 2 (Sparkasse); Querstr. 32 (Hypobank); Querstr. 34 (Commerzbank); Schillerstr. 16 (Volksbank und Raiffeisenbank); Löberstr. 3 (Allbank); in der Halle des Hauptbahnhofs (Deutsche Verkehrs-Bank)

GOTTESDIENSTE/MESSEN

Evangelisch: So 10 Uhr in der Annenkirche (Katharinenstr.), Georgenkirche (Markt; von April bis Sept. bereits 9.30 Uhr), Johanniskirche (Am Kugehänge), Nikolaikirche (Karlsplatz; von April bis Sept. bereits 9.30 Uhr), Paul-Gerhardt-Kirche (Am Wartenberg). In der Palaskapelle der Wartburg von Anf. Mai bis Okt. Sa 18 Uhr (ab Mitte Okt. 17 Uhr) Gottesdienste).

Katholisch: Mo, Di, Mi, Fr 8 Uhr, Do 17.30 Uhr, So 9, 10.30 Uhr in der St.-Elisabeth-Kirche (Sophienstraße). Am 19. November, dem Beerdigungstag der hl.

Elisabeth, Messe in der Palaskapelle der Wartburg.

HUNDE

Hunde sind nicht in jedem Quartier erwünscht, vor allem größere. Deshalb bei der Reservierung erkundigen! Auf die Wartburg dürfen sie nicht mitgenommen werden.

ÖFFNUNGSZEITEN DER WARTBURG

Die Wartburg hat das gesamte Jahr über täglich geöffnet, lediglich am Heiligabend und Silvester wird mittags geschlossen.

Führungen durch den Palas und Museumsbesuch: *Feb. 9–15.30 Uhr (am Wochenende 16 Uhr), Schließung des Burgtores 17 Uhr; März 9–16 Uhr, Schließung des Burgtores 17.30 Uhr; April 8.30–16.30 Uhr (Wochenende 17 Uhr), Schließung des Burgtores 18 Uhr; Mai bis Ende der Sommerzeit 8.30–17 Uhr, Schließung des Burgtores 18.30 Uhr; Ende der Sommerzeit bis Mitte Okt. 8.30–16.30 Uhr (Wochenende 17 Uhr), Schließung des Burgtores 18 Uhr; Mitte bis Ende Okt. 8.30–16 Uhr, Schließung des Burgtores 17.30 Uhr; Nov.–Jan. 9–15.30 Uhr, Schließung des Burgtores 17 Uhr.* Die letzte Führung des Tages wird am Anfang der Wartburgauffahrt angezeigt.

KLIMA

Durch die verschiedenen Höhenlagen ist das Klima im Wartburgland unterschiedlich. Auf dem Höhenwanderweg Rennsteig, dessen erster Teil nur etwa 2,5 km an der Wartburg vorbeiführt, bleibt die Temperatur auch im Hochsommer mit durchschnittlich 16–17 Grad Celsius angenehm. Wenn in Eisenachs Gärten die Bäume in voller Blüte stehen, liegt auf dem Rennsteig und den Höhen des Thüringer Waldes teilweise noch Schnee.

KRANKENHÄUSER

Christliches Krankenhaus Eisenach
Schillerstr. 2, Tel. 53 16, 73 27 52

Wartburg-Klinikum Eisenach
Mühlhäuser Str. 94, Tel. 69 80

KREMSER- UND KUTSCHENFAHRTEN

Tages- und Kaffeefahrten mit dem Kremser und der Kutsche veranstaltet: Rudi Kappherr, *Westplatz 4, Tel. 73 29 77*; Werner Kappherr, *Rothenhofer Weg 6, Tel. 713 77*; Roland Winzer, *Mühlhäuser Str. 14, Tel. 73 29 38*

NOTRUFE

Polizei, *Tel. 110*
Feuerwehr, *Tel. 112*
Schnelle Medizinische Hilfe, *Tel. 115*
Krankentransport, Notarzt, *Tel. 761 15*

PANNENHILFE

Pannendienst des ADAC
Rund um die Uhr Tel. 01802/ 22 22 22

Abschleppdienst
Autohaus Maier-Rehm, *Wilhelm-Rinkens-Str. 1, Tel. 24 00*; Thüringer Auto-Rent, *Wilhelm-Rinkens-Str. 8, Tel. 62 46 24, ab 18 Uhr und an den Wochenenden, Tel. 0171/ 820 47 55*

Die Besucherströme auf die Wartburg müssen organisiert werden

PARKEN

Am Fuße der Wartburg (Wartburgschleife) besteht ein gebührenpflichtiger Parkplatz, an der Zufahrtsstraße werden die freien Stellplätze angezeigt. Ist alles besetzt, gibt es an der B 19 im Marienthal drei Plätze, zwei davon sind gebührenpflichtig. Gäste des *Hotels auf der Wartburg,* die mit Pkw anreisen, betätigen die Sprechanlage an der Schranke; zum Ausladen des Gepäcks darf bis in den Hotelhof gefahren werden. Weitere gebührenpflichtige Parkplätze in Eisenach: In der Bahnhofstr. (schräg gegenüber dem Hauptbahnhof) und auf dem Frauenplan beim Bachhaus. Ein Parkhaus entsteht an der Wartburgallee unterhalb des Hotels Fürstenhof.

POST

Postamt Markt
Mo–Fr 8–18 Uhr, Sa 8–12 Uhr

Postamt Bahnhof
Mo–Fr 9–12, 14.15–17.45 Uhr, Sa 9–12 Uhr

Postamt Nordplatz
Mo–Fr 9–12, 14–17.30 Uhr, Sa 9–12 Uhr

RADFAHREN

Mit Mountain-Bikes lassen sich der Wartburgberg und die anderen Hügel der Umgebung bezwingen. Da es Radwanderwege noch nicht ausreichend gibt, sollten Sie auf Wald- und Feldwege und Nebenstraßen ausweichen, die bestens geeignet sind. In vielen Städten stehen Fahrräder zum Mieten bereit, in Eisenach bei: Deutsche Bahn AG, *Hauptbahnhof, Bahnhofstr. 35*; Ilias Tiropoulos, *Rittergasse 3–5*

TANKSTELLEN

Kasseler Str. (Aral, BP, Esso, Elf), *Gothaer Str.* (Esso), *Clemensstr.* (Shell, DEA)

1817 demonstrierten auf der Wartburg die Studenten für mehr demokratische Rechte

TAXI

Taxi-Genossenschaft, *Bahnhofstr. 38, Tel. 290 00*; Taxi-Ruf *Bahnhof, Tel. 22 02 20*

TENNIS

Tennisanlage Johannisthal, *April bis Okt. 10–22 Uhr, Tel. 45 65*

STADTBESICHTIGUNGEN

Die Eisenach-Information bietet folgende thematische Stadtführungen an: »Die Stadt Eisenach und ihre Befestigung«, »Die Stadt Eisenach und ihre Kirchen«,»Auf den Spuren Martin Luthers«, »Auf den Spuren Johann Sebastian Bachs«

WANDERN

Das ausgeschilderte Wanderwegenetz um Eisenach hat eine Länge von über 200 km. Im Marienthal am Königsstein (an der B 19) beginnen vier Wanderungen mit Längen von 1 bis 5 km, am Parkplatz Vachaer Stein (an der B 84) ebenfalls vier mit Längen von 2 bis 8 km. Der berühmteste aller Thüringer Wanderwege ist der 168 km lange Rennsteig, der in Hörschel westlich von Eisenach beginnt und in etwa 2,5 km Entfernung an der Wartburg vorbeiführt. Er ist mit einen »R« markiert, oft geröllhaltig und morastig, so daß Sie auf gutes Schuhwerk achten sollten. Die beste Zeit, den Wartburg-Besuch mit einer Rennsteig-Wanderung zu verbinden, ist von Ende Mai bis Mitte Oktober, den Sommer über ist es aber nicht einsam. Tafeln mit Wanderhinweisen finden Sie im Schaufenster der Eisenach-Information und am Bus-Informationspavillon gegenüber dem Hauptbahnhof.

WINTERSPORT

Unweit der Wartburg, auf dem Kamm des Thüringer Waldes, herrschen in normalen Wintern von Ende November bis in den März hinein gute Schneeverhältnisse. Wer möchte, kann also durch den verschneiten Wald mit Skiern zur Wartburg laufen. Am Rand von Ruhla finden sogar Skisprungwettkämpfe statt. Der Rennsteig wird nahezu auf seiner gesamten Länge von 168 km gespurt. Der einzige Sessellift Thüringens befindet sich hier, an der Oberhofer Schanze am Rennsteig. Zu den zahlreichen Straßen, die den Rennsteig überqueren, gehören die B 19 und B 84, dort mit Parkplätzen, gut geeignet als Ausgangspunkte für Skitouren auf dem Wanderweg. Ein besonderes Erlebnis sind Schlittenfahrten durch den verschneiten Thüringer Wald.

ZEITUNGEN

Ausführliche lokale Informationen in den Tageszeitungen »Mitteldeutsche Allgemeine Eisenach« und »Thüringer Allgemeine«.

ZUGAUSKUNFT, RESERVIERUNGEN

Hauptbahnhof Eisenach, tgl. 5.15 bis 22 Uhr, Tel. 55 93 42

WETTER IN EISENACH

Die monatlichen Durchschnittswerte im Überblick

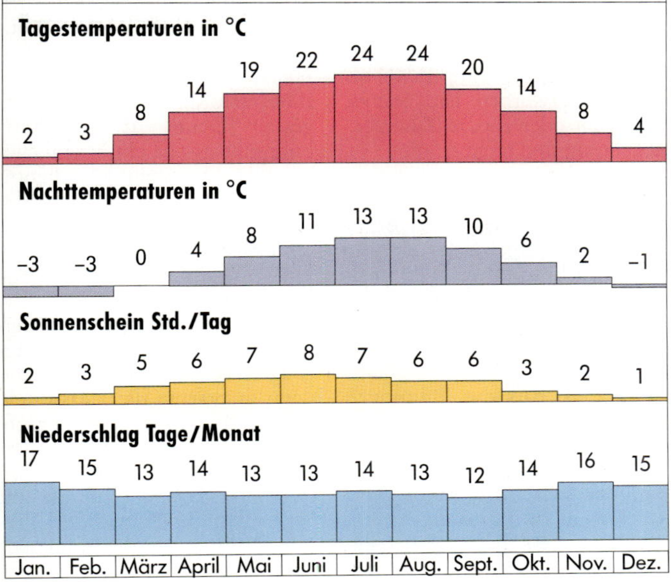

Bloß nicht!

Einige Ratschläge für einen angenehmen Aufenthalt auf der Wartburg

Besuchszeiten
Möglichst nicht Mai, Juni, September und Oktober für einen Wartburgbesuch wählen und bloß die Wochenenden und Feiertage meiden, an denen meist besonders starker Andrang herrscht. Wenn es sein muß, sollten Sie die erste Stunde nach der Öffnung oder kurz vor der Schließung kommen. Wer kleine Führungsgruppen wünscht, kommt am besten von November bis Februar auf die Wartburg.

Fotografieren
Fotografieren und filmen darf nur, wer dafür eine Erlaubnis käuflich erworben hat. Stative, Blitzlicht oder andere Zusatzbeleuchtung sind nicht erlaubt.

Hunde
Sie dürfen nicht mit in die Burghöfe und Burggebäude, seien sie auch noch so klein. Das trifft auch auf alle anderen Tiere zu.

Kinder
An der Kasse informiert ein Hinweisschild, daß die Führungen für »Kinder unter 6 Jahren nicht geeignet« sind. Oft genug wird es leider ignoriert, aber quengelige und schreiende Kinder vermiesen nicht nur den Eltern, sondern allen Teilnehmern die Führung.

Kleidung
In der Besucherordnung der Wartburg heißt es: »Die Achtung vor dem künstlerischen Schaffen und den sakralen Erinnerungsstätten gebietet es, die Innenräume in angemessener Kleidung zu betreten.« Außerdem ist vor Schuhen mit hohen Absätzen abzuraten, der Aufstieg zur Burg und die Burghöfe sind dafür nicht geeignet.

Rauchen
Im gesamten Burgbereich, auch im Freien, besteht Rauchverbot.

Telefon
Bloß nicht die Telefonkarte vergessen! Denn auf der Wartburg gibt es nur ein öffentliches Telefon: Das steht kurz hinter dem Parkplatz-Wächterhaus der Wartburgschleife und ist ein Kartentelefon!

Überfliegen
Das Überfliegen und Umkreisen der Wartburg mit Flugzeugen ist nicht mehr erlaubt, denn es brachte die Palaswände zum Vibrieren und gefährdete so die Raumdekorationen, besonders die Fresken Moritz von Schwinds. Das Verbot gilt seit September 1992 mit der Veröffentlichung im Bundesanzeiger.

REGISTER

In diesem Register sind alle in diesem Führer erwähnten Sehenswürdigkeiten, Orte und Unterkünfte verzeichnet (W= Wartburg, WM= Wartburgmuseum, E= Eisenach)

Orte und Sehenswürdigkeiten

Unterkünfte

Was bekomme ich für mein Geld?

Die Führung durch den Palas der Wartburg und der anschließende Museumsbesuch kosten 10 Mark, Rentner, Schwerbehinderte, Schüler, Studenten zahlen 6 Mark. Möchten Sie nur das Museum besuchen, sind es 5 Mark bzw. 3 Mark. Eine Foto-Erlaubnis wird für 2 Mark erteilt. Videoaufnahmen dürfen für eine Gebühr von 10 Mark gemacht werden. Auf dem Parkplatz der Wartburgschleife müssen 5 Mark für den Pkw und 2 Mark für das Krad bezahlt werden. Auf den Parkplätzen 1 und 2 an der B 19 im Marienthal haben Sie von 9 bis 18 Uhr für eine Std. 1 Mark in den Automaten zu stecken. Die Busse von diesen beiden Parkplätzen zur Wartburg kosten Hin- und Rückfahrt vom Parkplatz 1 2,50 Mark (Kinder von 6–15 Jahren 1,25 Mark), vom Parkplatz 2 5,– Mark. Sie können sich auch mit einem *Wartburg* zur Burg fahren lassen. Sie stehen am gebührenfreien Parkplatz 3 im Marienthal. Pro Erwachsener kostet das 3,50 Mark, für Kinder von 4–12 Jahren 2,50 Mark. Der Ritt mit einem Esel bis vor das Burgtor ist ein Vergnügen für 3 Mark. Für jene, die Eisenach und Umgebung mit öffentlichen Verkehrsmitteln erkunden möchten, empfiehlt sich die Wartburg-Urlauberkarte, einzige Bedingung: Sie müssen Ihren ständigen Wohnsitz außerhalb des Wartburglandes haben. Die Karte gilt für Einzelpersonen, Familien oder Kleingruppen bis zu 6 Pers., davon höchstens zwei Erwachsene. Für einen Tag kostet die Karte 5 Mark, für drei Tage 10 Mark. Sie ist auf allen Linien der Eisenacher Verkehrsgesellschaft gültig.

Als Souvenirs sind Poster mit Wartburgmotiven beliebt, die nur 1 Mark kosten. Für die Kopie des Cranach-Bildnisses »Luther als Junker Jörg« bezahlen Sie 6 Mark, kleine Wartburgtauben aus Porzellan dürfen Sie für 8, 4 oder 3,50 Mark nach Hause tragen, die Quarzarmbanduhr mit der Wartburg auf dem Zifferblatt für 68,50 Mark – von denen 10 Mark auf das Wartburg-Spendenkonto gehen. Wenn Ihnen vom Holzkohlegrill der würzige Duft Thüringer Rostbratwürste zuweht, sollten Sie sich zunächst zurückhalten und auf den Preis schauen: An der Wartburgschleife knöpft man Ihnen 3,50 Mark für eine Wurst ab, in der Eisenacher Karlstraße zahlen sie 2,50 Mark und auf dem Marktplatz nur 2 Mark.

»Wart'! Berg, du sollst mir eine Burg werden!« wird mancher Besucher denken